全面领导力

追求卓越，富享人生

〔美〕斯图尔特·D. 弗里德曼　著

王　磊　译

吴　冰　审订

商務印書館
创于1897 The Commercial Press

2012年·北京

Stewart D. Friedman

TOTAL LEADERSHIP

Published by arrangement with Harvard Business School Press

图书在版编目(CIP)数据

全面领导力/(美)弗里德曼著;王磊译.—北京:商务印书馆,2012
ISBN 978-7-100-07570-1

Ⅰ.①全… Ⅱ.①弗…②王 Ⅲ.①领导学 Ⅳ.①C933

中国版本图书馆CIP数据核字(2010)第244371号

全面领导力

追求卓越,富享人生

〔美〕斯图尔特·D.弗里德曼 著

王 磊 译

吴 冰 审订

商 务 印 书 馆 出 版

(北京王府井大街36号 邮政编码 100710)

商 务 印 书 馆 发 行

北京瑞古冠中印刷厂印刷

ISBN 978-7-100-07570-1

2012年4月第1版 开本710×1000 1/16

2012年4月北京第1次印刷 印张17½

定价:39.00元

商务印书馆—哈佛商学院出版公司经管图书
翻译出版咨询委员会

（以姓氏笔画为序）

致中国读者

哈佛商学院经管图书简体中文版的出版使我十分高兴。2003年冬天，中国出版界朋友的到访，给我留下十分深刻的印象。当时，我们谈了许多，我向他们全面介绍了哈佛商学院和哈佛商学院出版公司，也安排他们去了我们的课堂。从与他们的交谈中，我了解到中国出版集团旗下的商务印书馆，是一个历史悠久、使命感很强的出版机构。后来，我从我的母亲那里了解到更多的情况。她告诉我，商务印书馆很有名，她在中学、大学里念过的书，大多都是由商务印书馆出版的。联想到与中国出版界朋友们的交流，我对商务印书馆产生了由衷的敬意，并为后来我们达成合作协议、成为战略合作伙伴而深感自豪。

哈佛商学院是一所具有高度使命感的商学院，以培养杰出商界领袖为宗旨。作为哈佛商学院的四大部门之一，哈佛商学院出版公司延续着哈佛商学院的使命，致力于改善管理实践。迄今，我们已出版了大量具有突破性管理理念的图书，我们的许多作者都是世界著名的职业经理人和学者，这些图书在美国乃至全球都已产生了重大影响。我相信这些优秀的管理图书，通过商务印书馆的翻译出版，也会服务于中国的职业经理人和中国的管理实践。

20 多年前，我结束了学生生涯，离开哈佛商学院的校园走向社会。哈佛商学院的出版物给了我很多知识和力量，对我的职业生涯产生过许多重要影响。我希望中国的读者也喜欢这些图书，并将从中获取的知识运用于自己的职业发展和管理实践。过去哈佛商学院的出版物曾给了我许多帮助，今天，作为哈佛商学院出版公司的首席执行官，我有一种更强烈的使命感，即出版更多更好的读物，以服务于包括中国读者在内的职业经理人。

在这么短的时间内，翻译出版这一系列图书，不是一件容易的事情。我对所有参与这项翻译出版工作的商务印书馆的工作人员，以及我们的译者，表示诚挚的谢意。没有他们的努力，这一切都是不可能的。

哈佛商学院出版公司总裁兼首席执行官

万季美

你能够在提高工作绩效的同时改进工作之外的生活么?

大部分人会认为这很难做到。但是,与传统的看法相反,在我们生活的各个不同领域之间,不必上演"零和"游戏。然而,想要同时兼顾生活的各个方面确实需要一定的领导技能。

这就是《全面领导力》一书诞生的原因。本书改编自斯图尔特·弗里德曼(Stewart D. Friedman)在沃顿商学院(The Wharton School)①所开设的热门课程,它将帮助你识别你的核心价值,即找出对你而言最重要的东西,并让这些闪光点在你的日常工作、家庭生活和社会活动,甚至你内心深处发挥作用。与此同时,通过改进生活的各个领域,你将会放松压力,做得更好。

弗里德曼的方法已经通过了压力测试:这可以从他多年以来工作过的大大小小的公司以及和不同层次的人一起共事的经历得到验证。他提供循序渐进的指导,引人入胜的案例,以及三十多种实际操作手段,帮助你作出可持续的

① The Wharton School 一直被称为沃顿商学院。——译者注

改进，在生活的各个领域做得更好。《全面领导力》一书提出了新方法，它能帮助你：

——力求真实：

弄清什么是最重要的，并付诸实际的行动

——保持完整：

全面考虑自身的需要，并付诸全面的行动

——激发创造力：

尝试发现新的解决之道，并付诸创造性的行动

你的目标将变得更加清晰，工作将会取得更大的成绩，与周围人的联系会更加密切，同时你会越来越接近你内心所需要的东西。

各家评说

最好的领导者是那些与他们所在的社区、他们所爱的人、还有他们自己保持密切联系的人。在斯图尔特·弗里德曼的《全面领导力》一书中，你将学到用简单而有效的新方法来建立这些联系，并能分享随之而来的丰厚回报。

——《不要独自吃饭》一书的作者基思·费拉兹(合著)，费拉兹绿讯营销咨询公司

斯图尔特·弗里德曼为领导力下了一个新的全方位的定义，他所提出的“四赢”愿景将全方位地激励读者。该书是一本难得的、催人奋进的人生指南，能够有效地帮助我们提高领导力。

——弗朗西丝·赫塞尔本，领导力发展学会发起人和现任主席，美国女童军总部前 CEO

当商业的步伐持续不断地以光速向前迈进的时候，斯图尔特·弗里德曼为我们成功掌握领导能力提供了一个全新的、可持续性的方法。《全面领导力》一书为那些想要在

个人生活和职业发展上都做到最好的人提供了一个独特的建议。

——戴夫·利西，美国幼教机构光明前景家庭问题公司 CEO

将动态的学习过程写成一本书是一件很困难的工作，但是斯图尔特·弗里德曼做到了。当我们成为有目标的领导者时，我们的工作、家庭、社区，包括我们自己都将从中获益匪浅。

——埃伦·加林斯基，家庭和工作研究会会长

《全面领导力》所表达的思想与我——一家全球性公司的人力资源主管和医药主管的想法如此地一致。借助可操作的方法和吸引人的故事，弗里德曼向我们展示了如何能够实现"四赢"，对于今天的领导者而言这是一个非常独特的、重要的新概念。

——罗伯特·W.卡尔博士，葛兰素史克公司副总裁兼医药主管

斯图尔特·弗里德曼以一种令人兴奋的新方式对领导能力进行了重新定义，这个新定义不仅能够帮助我们在工作上表现更出色，而且能够让我们在家庭、社区包括我们自己也都能相得益彰，获得成功。

——雷蒙德·V.吉尔马丁，哈佛商学院教授，默克制药有限公司前 CEO

《全面领导力》是一篇内容丰富、鼓舞人心的行动宣言。当你对经理人进行培训,或是在研究工作—家庭之间的关系时,弗里德曼教会我们如何创造出一种环境:即在高效工作的同时,又能过上令人满意的个人和家庭生活。

——丹尼丝·M.鲁索,卡内基梅隆大学教授,《理想:雇员待价以沽时的特殊交易》一书作者

斯图尔特·弗里德曼的《全面领导力》是一本难得的好书。书中的理念激动人心,语言浅显易懂。他指出,无论高层经理人还是平民大众,要想拥有一个持续满意的生存状态,就要从生活的方方面面找到与工作的最佳结合点,这样才能使生活丰富多彩。

——米奇·威尼克,凯莱赫联合有限公司合伙人,美国CDI公司前CEO

在跨国经营和跨行业务中,领导人在应付生活中方方面面的同时,还要最大限度地去满足利益相关者不断增长的需求。弗里德曼呼吁结束这个"零和"游戏。我曾不止一次亲眼目睹了他这一方式所产生的巨大魔力,无论是对其团队,还是个人。

——施罗莫·宾虚,英国石油公司负责领导力开发与学习业务副总裁

斯图尔特·弗里德曼把真人真事揉进他的叙述之中,

使之更加生动可信。更重要的是,他让你立刻明白,怎样才能全方位地走向成功。从我个人的经验来看,我坚信《全面领导力》无论是对个人还是团队都将产生深远的影响。

——哈里·B.韦纳,登攀人力资源服务公司创始人之一

斯图尔特在沃顿商学院开设的课程使我成为一名真正的领导者和互联网企业家。书中的内容和练习很有实用性,我要给公司里的每个员工买一本。

——布雷特·A.赫特,用户之声公司创始人和CEO

斯图尔特·弗里德曼的书观点明确,浅显易懂,涉及面广。它告诉你如何领导自己以及他人。把《全面领导力》中的金科玉律用到我的生活中,让我受益匪浅。

——理查德·史密斯,西尔斯控股公司首席财务官,前陆军连长

斯图尔特开的课和他的这本书使我对自己的工作有了一个全新的认识和定位,对于领导人和未来的领导人,这本书都将是你的必由之路。

——林真,中国太席联合数码有限公司CEO

他在沃顿商学院开设的课改变了我的人生,它给我的震撼是任何语言也无法表达的。我郑重向你推荐这本书,你的人生将会重新改写。

——奥尔文·E.阿格尼尔,印度最大的MBA网站PaGaLGuY.com CEO

毫无疑问,《全面领导力》所倡导的理念是具有革命性的。斯图尔特·弗里德曼为经理人提供了一个全方位的工作指南,告诉他们在努力成为优秀领导人的同时,还要学会享受生活。

——沙拉·扎伊米,原生创合公司CEO兼董事长

《全面领导力》为解决工作和生活的矛盾提供了一个新方法。斯图尔特认为,本书并非要在两者之间寻求平衡,而是要重新整合你的生活,分清轻重缓急。

——肖恩·弗朗西斯,加拿大麦德肯健康管理有限公司总裁兼CEO

《全面领导力》是一本看了就能用的书。它让我们的生活更加和谐、更加充实、更加健康。

——米歇尔·金·莱夫,国家药物滥用研究所副主任

《全面领导力》一书为在多个领域之间合理优化利用时间和精力做出了很好的规划。弗里德曼博士的书提出了一个非常有价值的方法来分析和重新排列事物已有的顺序,目的是最大限度地释放一个人全部的领导潜能。

——托马斯上尉,美国海军指挥官,一位完成过二百多次战斗任务的退伍老兵

献给爱妻哈利

For Hallie

目　　录

实操目录

序言

全面领导力的由来

20世纪80年代中期，我正处于职业生涯的活跃期。那时，我已经完成了组织心理学的研究生学业，开始研究领导力发展问题，并在沃顿商学院实现了我成为一名教师的梦想。然而，我和妻子哈莉却一直想要个孩子却未能如愿。

最后，在一个美丽的秋天的早晨5:30，我们的第一个孩子加布里埃尔(Gabriel)降生了。在宾夕法尼亚医院(Pennsylvania Hospital)一间温暖的房间里，我怔怔地站在那里，第一次抱起这个近乎完美的小家伙。他被裹在一块黄毛毯里，只露出一张平静的小脸，他看着我，环顾着房间，观察着周围的一切。我在想，现在我要怎样做才能为他提供一个安全的、有利于成长的环境呢？

这个念头在我的脑海中挥之不去。一周以后，我回到了沃顿商学院的组织行为学课堂上，将一个有关激励和报酬体系的主题抛在一边，在这之前我们一直在为其做准备。取而代之的是，我给学员们讲述了刚刚发生在我身上的故事。我尽量把我经历中的要点，讲给这些天才的学生和早期的商业领导人听。我问他们："你应该担负什么样的责任来建立起一个有助于培养下一代的工作环境？作为一位商务人士，你需要怎样做，才能够将你生活中的工作、家庭、社区和个人有机地结合起来？"

我不大记得那堂课的细节，它们都随着时间的推移变得模糊了，但是我还记得那堂课所引起的强烈反响。大约有一半的学员对我所讲的故事不以为然，因为他们不愿意把个人的生活当作商学院课程的一个主题来对待。另外一半人则感谢我提出了这样的问题，愿与他们分享我生活中的得失。

当时我并不知道，那堂课竟然在以后的时间里改变了我的职业生涯。通过思考我生命中最重要的事情，并且将它们与感兴趣的人一起分享，我开启了一段新的人生旅程。我看到，我的业绩因此而得到了提升，于是我重新定位我的研究，开始关注一个人的整体形象对于工作的重要性。我更加清晰地看到，对于我个人而言，理解工作与生活之间的相互关系，不仅仅是我个人的事情，而是我的使命。

多年以后，大约是在 20 世纪 90 年代的早期，我在管理学协会(Academy of Management)组织的一次会议上就职业生涯做了主题发言。管理学协会是一个对商学院教职人员开放的学术组织。在这次会上，我谈到了父亲的身份怎样改变了我的职业生涯。我讲到了我的一些决定，例如为了待在宾夕法尼亚照顾家人，我放弃了争取终身教职的机会。我又一次发现，当我把自己的故事讲给同事们听的时候，也使自己的工作更加真实。那天，我结识了一些朋友，他们很高兴听到了在标准的学术职业生涯模型之外还有其他的选择，而我则学习到了有关真实、完整和创造性的最直接的经验。

那时,大规模的组织变革频频发生,我正处于这样一个杂乱无章的世界之中。作为沃顿商学院领导力项目的创始人,我正在尽力创造沃顿商学院商业教育的新模式——一个鼓励学员们对成功把握职业生涯的设想提出质疑的新模式。学员们记下日记,并互相反馈信息。这是具有挑战性的,因为这样做有时会令参与这个项目的人感到不舒服。我们领导力项目组的成员认为这一项目极具创新精神,不仅仅因为它是新的,更主要是因为它反映了领导力建设的真实需求,并尝试将每个参与者的"亲身经历"整合到学习过程中来。

我们是运用沃顿工作/生活整合项目(Wharton Work/Life Integration Project)收集来的数据,对工作和生活的交叉部分进行探索分析。沃顿工作/生活整合项目系统的数据来自于成百上千的学员和校友。我们试图在领导力开发和个人生活挑战之间建立联系。这是一个激情碰撞、灵感迸发的领域。学员们必须思考那些真正与他们内心深处的价值相匹配的职业发展途径。在为职业商务人士举办的各种专题讨论会上,我给人们讲解如何整合工作和生活,如何找到既有利于个人,又有益于工作的方法。我发现大家,尤其是(但不仅仅是)女士们,十分渴望获得这些有用的知识。

同时,我也给那些想要进行领导力开发的公司提供管理咨询服务。商界正在逐步形成一种共识,即学习领导能力不仅是可能的,而且对于提高公司活力也是必要的。我的工作包括为新任领导者设计培训课程,并把这些课程同公司的职业升迁系统结合起来。

作为这些活动的副产品,我受邀为美国制造商创立了一个领导力专科学校。1999年,我离开了学术界,开始在公司尝试我的理念。

新一代的CEO们想把领导力开发与为雇员们寻求一种更好的生存状态结合起来，也就是说，CEO仍想寻求一种把生活和工作融合在一起的最佳途径。这种做法对于吸引和留住人才至关重要。我们就是要通过这些方法来学习领导力。我们必须确保项目参与人在为公司创造价值的同时，也成长为领导人。我们希望项目参与者提出一些开创性举措以提升公司在客户心目中的形象，同时也希望他们能以一个新的角度重新审视自己——理念新颖，更加自信。

我们为那些有潜力成为高级经理的中层领导者们准备了一门"新经济"的课程，其目的是帮助管理者在迅速发展的数字化世界中起到领先作用。就是在这个培训项目中，我逐步认识到，我们可以设想借助新技术来开发我们生活中所有领域的领导能力。当我，一个思维健全的人，想从一个全新的角度重新审视领导力这一命题的时候，"全面领导力"(Total leadership)就是我表达这一概念最简洁的方式。我们所有项目的参与者都要接受创新的挑战，提出新的解决方案。这一项目的最初目的是通过丰富个人生活来改进公司绩效。正如这个明显相互矛盾的目标所表明的，如果我们能够把工作完全融入到那些有潜力的管理人的生活中，我们一定能够提高公司的绩效。那么反过来，管理人也会给公司的其他人创造同样的机会，于是我们收获的会更多。

我们的创新在于，我们的项目从始至终都力求全方位地关注一个人，而非仅仅把他作为商业人士来研究。2001年，我回到沃顿商学院。此后，在给世界各地的商学院学生和各领域的专业人士讲解这一理论时，我也在不断地加以精练。我总结出，全面领导力项目的关键是要创造我所谓的"四赢"，即工作、家庭、社区和个人的和谐。

本书的目的就是要将“四赢”的可能性带给您,力图一步一步地向您展示如何通过拥有丰富的人生来成为一位优秀的领导,以及如何通过成为一位优秀的领导来拥有丰富的人生。

第一章

引言：全面领导力体验

全面领导力将传统意义上互不相关的两个领域产生的观念融合起来，形成一个新的综合体。两个领域一是领导力研究，二是个人如何能在生活的方方面面中寻求和谐。本书提出了一个开发领导能力的新方法，这是一个能够实现工作、家庭、社区和个人“四赢”的新方法。

本书适合于任何组织层面、任何职业生涯发展阶段的任何人，无论你是大学生还是公司 CEO，保险销售员还是家庭教师协会的主席，面包店老板还是投资银行家。如果你感到在生活的某一方面非常成功，但是在其他方面却不尽如人意；或者由于生活遭遇某种挫折而将精力全部投入其他方面；或者在你所充当的不同生活角色发生了太多冲突，全面领导力项目都能够帮助你走出困境。借助全面领导能力，你不仅能够实现工作、家庭、社区和个人的“四赢”，而且能够在所有看上去毫不相关的生活领域里都有不俗的表现。

这本书基于我多年以来的理论研究,以及现实世界中的实践积累。我已经指导过数千人使用全面领导力方法。如果你像我在沃顿商学院以及其他工作单位的同事一样,那么这本书将会让你的表现更加出色,它的作用甚至超过你生活中最重要的人对你的影响,让你的生活各方面都感觉更好,而且彼此之间变得更加和谐,因为你将会掌握更多的资源以便更好地安排你的生活。你将会实现越来越多的"四赢",因为你将是一个能力卓越的、高效的领导者。

只要愿意实践力求真实(付诸实际的行动)、保持完整(付诸全面的行动)和激发创造力(付诸创造性的行动)这三个法则,任何人都有可能通过学习全面领导力方法来实现"四赢"的目标。领导力能够(实际上也是必须)通过学习获得。通过确定目标,采取行动,赢得支持,训练技巧,总结提炼,最后指导他人,你就能够学习到领导力。在本书中,每一个步骤都将被详细地列出。你一定能够改善你的领导能力,就像音乐大师一定能够不断地提高他的演奏技巧一样。从这里开始,一篇一篇的读下去,我将带你体验全面领导力方法,帮助你提升领导技巧和影响力。

但是,首先,我要向你介绍一些你将会在书中遇到的人,他们大部分是我在沃顿商学院的学生,既有20多岁来自旧金山负责美国市场的营销员,又有从中东移民华盛顿并拥有一家技术公司、50多岁的CEO,不同年龄不同行业都有。他们(都用化名)将逐步指导你踏上将要开启的旅程。

全面领导力如何发挥作用

“我喜欢我的工作，”詹娜·波特(Jenna Porter)在2005年刚刚进入企业的时候写道。“这份工作给我成就感，它让我有机会以一种我喜欢的方式接触并影响人们，使我对周围的世界感到满意。但是我在工作上花费了如此多的精力，使得我的生活无法达到我的期望。”

48岁的詹娜是三个孩子的母亲，当时她在费城一家小的房地产咨询企业担任经理，取得了不小的成就。然而，正像许多看这本书的人一样，她对现状感到不满。她反思道：“工作完全侵占了我和家人在一起的时间。我忽略了孩子们的生活，对他们亏欠太多。工作之外，我荒废了生活的其他方面。平常我太忙了，没有时间看书、到现场听音乐会或者做我喜欢的事情。我仅仅能够为了保持健康，在树林里散步，但这也只是很短的时间。这使我意识到，工作因生活中的不如意受到拖累。”

詹娜在工作以外还有很多需要履行的责任。有很多人对她而言很重要，同样，她对很多人也很重要，这其中首推和她已经共同生活20年的丈夫，还有他们领养的三个孩子，分别是17岁、13岁和9岁。但是，她强烈的责任感，以及对现状的不满与日俱增，并因为她父亲将要死于胰腺癌的事实而加剧。她想要改变自己的工作现状，以便能够抽出更多的时间来和她亲密的姐姐一起照顾父亲，同时也想好好陪陪丈夫和孩子。以往，她若要在工作或工作以外的生活中获得满足感，就必须做出取舍。这看上去也是在寻求某种平衡。然而，当雇主、孩子、丈夫、姐姐以及父亲的需要同时出现时，这样的寻求往往是徒劳的。

詹娜参加了我的全面领导力项目,4个月以后,她有了很大改变。她逐步排解掉了在工作以及生活中的那些经常使她心慌意乱、暴躁易怒的情绪,代之以在各方面全身心的投入。她不再感到被动。她成功化解了长期以来使她感到不堪重负的内心冲突,开始关注那些对她而言真正重要的事情。

最重要的是,詹娜开始把自己看作是她生活中所有领域的领导者。在这么短时间内,詹娜是如何完成这么大的转变呢?她在一次与老板的坦率交谈中发现,老板十分关心她,不仅理解她想要照看父亲的需求,也很关心她的健康。这鼓励她采取措施以一种前所未有的方式重新调整了自己的工作安排。她第一次看到,因为她的同事依赖她,所以她也能够以一种以前她从来没有想到过的方式依赖他们。詹娜通过在工作中授权他们为自己赢得了新的自由,而其他人不仅能够承担责任,而且也从这种授权中获得成长和成功的机会。她调整自己的工作计划,以便于集中精力处理工作中更重要的事情,帮助姐姐照看生病的父亲,每周还能抽出时间进行几次较长距离的散步。总之,她变成了一个更加优秀的领导者,一个更加真实、更加完整和更具创新性的领导者。

现在,詹娜每天工作的时间要比2005年少,但却更有效率。不仅她的老板和同事从中受益,她的家人也受益。她的健康和心理状况都得到了明显改善。对于詹娜而言,全面领导力项目提供了一种方式,可以通过在工作上的较小改进(更多地授权和更少时间的工作),给她带来在生活的各个领域里都得以改善的结果——“四赢”。她学到了如何以新的方式与同事共事,与家庭和社区保持联系。她通过让其他人也从她正在做出的改变中受益来获得支持。她成为一个新型的领导者。

安德烈·华盛顿(André Washington),一位来自西雅图的33岁男人,带着与詹娜不一样的挫折感来到了我的全面领导力课程班。他是一家大型技术企业的生产经理。在上级领导看来,他在公司中将会有美好的发展前景。安德烈身高6英尺,浑身洋溢着自信,看起来坚定从容。他留寸发,头顶近秃。无论观众是何人,他机灵的眼睛总会密切地注视着。他听课的时候很认真,当他发言的时候,声音里传达着威严。

"我自认为是一个能够自我反省、有自知之明,并且思想开放的人。我认为要想获得成功就必须承担一定的压力,尤其是经济压力。但是,这种压力并没有超过我的负荷,我喜欢有压力,因为有压力才会有动力。我感觉我有能力,甚至可以说是注定能取得非凡的成功,成为一个有影响力的人,尤其是在我的圈子里。

但是,事与愿违。没错,我是成功了,但是我感觉似乎还没有发挥出我的全部潜力。我喜欢我的工作,但是我感觉我停滞不前了。从我的贡献质量以及贡献能力来看,我搁置了很多而无所作为。我做出了一些贡献,但在很多方面做得不够。我的表现并不理想,这欺骗了我、我的家人、还有其他我关心的人。我必须做出一些改变,不仅仅让自己感觉更好,而且还要做一些能让我的生活的各个领域都能真正从中受益的事情。"

在安德烈刚刚参加全面领导力课程班的时候,他描述了一个他内心所向往的未来,但是此前他一直都将它藏在心灵深处,很少表达出来。现在他改变了做法。他将自己所设想的未来拿出来与班上的其他人一起分享,目的是为了测试他的想法,赢得他们的支持。他首先把自己的设想告诉了妻子。他的妻子一直希望他能够有更多的时间来陪陪她和他们的两个淘气女儿,她们一个6岁,一个2岁。他也把自己的设想告诉了他的母亲和妹妹,他们在经济上和感情上都依赖于他。

然后,安德烈开始尝试一些规模更大的"真实目的感"的实验。他通过和妻子一起研究市场潜力,找到筹集启动资金的方法,朝着实现他的"终极职业生涯目标"迈出了第一步——成立一家主要为黑人妇女提供高级美容服务的连锁企业。他尝试着使用一些新技术以便更好地与目前的工作团队加强沟通,这使得他的工作变得更加有效率,同时也为他积累了有价值的经验,这些经验在将来他和妻子开展新业务的时候有可能会用上。他开始和他两岁的女儿一起上游泳课,此举不仅实现了他很长时间以来的一个愿望,而且他自己也学会了游泳,增强了自信,同时加强了与孩子的关系。

安德烈的全面领导力体验给他带来了显著的改变。在参加该课程班4个月以后,他说:"我不仅全面提升了工作业绩,而且我感觉自己更加幸福了。"由于更加合理地安排时间,他现在对于员工而言变得更有价值了。他和妻子一起朝着他的新的职业生涯目标迈进。他们夫妻之间的关系得到明显改善,他的妻子与其家人以及朋友的关系同样也得到了极大改善。他正在做一些使自己变得更加幸福的事情,对此,他很有信心。或许是矛盾的,现在他迸发出了比以前更充分的工作能量,这主要是因为他看问题的方式发生了根本性的改变。

当然，詹娜和安德烈是两种不同类型的人，然而他们是我每天在全面领导力课程班以及研讨会上所遇到的最典型的人。他们的共同点在于从某种标准衡量他们都取得了成功，但是他们想做得更好，想做更多对他们而言最重要的事情。他们想要成为更优秀的领导者，拥有更丰富的人生。

像詹娜和安德烈，还有我亲爱的读者，你们怀着不同的目的来体验全面领导力项目。有些人会感到不得志，或者是不愉快，因为他们没有在做喜欢做的事情。有些人活得不真实。他们每天所承担的大部分责任和所从事的活动与他们的价值观和需求不一致。他们整天漫无目的，因而缺少充满意义和激情的目标。

有的人会产生被孤立的感觉，他们感到自己正与那些对他们而言真正重要的人越来越疏远。他们生活的各个领域之间不能连成一个整体，因此他们不知所措，盲目追求太多的目标。他们感受到很大的压力，不能及时完成重要的任务，因为他们已经筋疲力尽。一方面，对于去做别人要求做而自己不想做的事情他们感到愤怒，另一方面，因为没有为其他人做更多的事情他们又背负罪恶感。他们感到绝望，因为职场里的人并没有把他们看作能够帮助其取得成功的领导。他们渴望彼此之间加强联系，建立信任，希望能够扩展目前狭窄的社会关系网络。他们想要有一种归属感。

一些人厌倦了现状。他们想找到一些新的事物来激活他们的创造力，让自己充实起来，但是他们缺少明确的手段，也缺乏足够的勇气来实现这个目标。他们感到好像自己一直停滞不前。他们缺乏足够的技巧来处理他们日常生活中的海量信息，因此也就不可能实现争取更大自由的目标。他们感到自己的生活失控了,全然失去了他们所需要的那种灵活性。

尽管遭遇到种种挫折,我们许多人依然有动力去做一些能让我们的世界变得更加美好事情——对我们生活的各个领域实施更加有效的领导。本书中所罗列的具体行动计划将向你展示如何做到这一点,即激发你的能量去创造富有意义的改变,并享受这种改变所带来的成果。

全面领导力产生真实可见的成果

当我被邀请去为一家被《财富》杂志选为全球 50 强的企业主持一个领导力开发项目时,全面领导力项目终于得以开花结果。我们的项目首先从该公司在全球范围内最有发展潜力的 35 位领导者入手。在长达 4 个月的时间跨度内,他们体验了全面领导力项目的每一个环节,结果他们在工作和生活的各个方面都取得了实实在在的改善。他们的实验为该企业产生了 580 万美元的节约成本,70 万美元的收益,还有 50 万美元的生产力改进收益。①

除了产生可以看得见的美元收益,这些商业人士还改善了他们与顾客和同事之间的关系,并且他们的工作满意度也得到了提升。他们感到自己与家庭和社区的联系加深了,尤其是当他们把这两者都纳入到改变的过程中以后。他们感觉身体更加健康,心情更加放松。他们能很好地利用自己的休息时间。他们对公司感到更加满意,更加愿意把自己的未来同公司的未来紧密地联系在一起。

他们取得这样的成果并不是因为他们实践了诸如"六西格玛"

(Six Sigma)* 这样的精益制造系统或者是质量控制项目，而是因为他们更新了商业领导力理念，在工作、家庭、社区和个人四个方面应用了新的技能，开拓了新的视野。

现在，更多的人开始上我在沃顿商学院开的课，并在世界各地的讲习班里体验全面领导力方法。他们发现通过一系列的指导和实践，他们能够取得一些改变，从而更好地分配自己的时间和精力。他们的核心价值浮出水面，帮助他们转变其配置注意力、技能和资源的方式。其结果是，他们每天的行为与他们内在的价值观之间结合得更为紧密。他们在工作中表现得更敏捷，更专注，也更投入。他们的生活在各方面都有所收获，这对他们来说是最重要的。

我曾经对上百名参与全面领导力课程的学员做过问卷调查，重点关注他们在参加全面领导力课程之后，对工作的满意程度是否有所提高。结果，他们对工作的满意度平均增加了 20 个百分点，对家庭的满意度平均增加了 28 个百分点，对社区的满意度平均增加了 31 个百分点。或许最显著的是，他们对于个人——包括身体、感情、智力、精神各个方面——的满意度增加了 39 个百分点。同样，他们也充满自信地表示，他们相信自己在工作、家庭、社区和个人四个方面都得到了明显改善，分别提高了 9、15、12 和 25 个百分点。

满意度和实际表现都得到了明显的提高!

全面领导力不是一个抽象的想法，它是一个系统性的方法，能够产生可以度量的改变。你能够对重要的事情更加关注，感觉更加踏

---

* 六西格码——据称源于一个加工能力的统计术语。它的目标是改进整体流程，提高质量和水平。——译者注

实，活得更加真实。你能够赢得更多支持，感觉到与你生活中最重要的人之间的联系更加紧密了。你能够更加自如地应对动荡世界中的各种不确定因素。你的思想将更加开放，对未来充满希望和热情，并且满怀憧憬地去创造未来。

图 1－1

成为一个全面的领导者

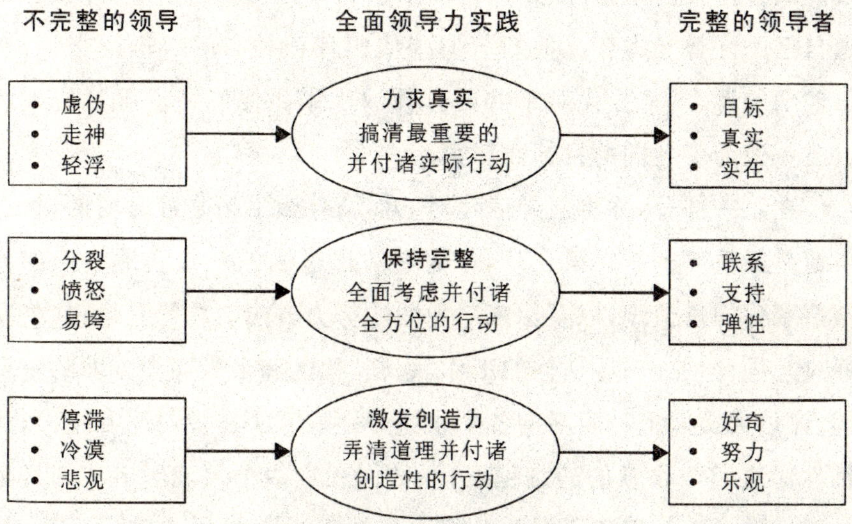

通过本书学习全面领导力

通过我的指导和你的练习，通过运用书中提到的三个法则来改善你的领导能力和影响力。

力求真实：付诸实际行动

付诸实际行动能够使你充满力量，因为你可以做你想要做的事情，释放你人生的活力，实现为个人、家庭、工作和社区创造价值的目标。有效的领导者能够清晰地勾画出一幅愿景——一个未来可实现的令人信服的景象——来鼓舞自己和身边的人。他们每天的行为不仅符合他们个人的价值观，而且还要与他们所在群体的价值观相一致。通过持续的观察和思考，他们了解到对自己而言最重要的事，知道自己的优势和劣势。他们与那些他们真正关心的人进行交流，倾听他们的诉求，来强化对于共同目标的承诺。他们要说服其他人和自己一道为了共同的目标而努力。

在第一部分，你将会弄清楚对你而言什么事情是最真实的，什么事情是最重要的。在第二章，你需要写出过去的一些关键事件如何塑造了你的价值观，以及你未来生活的努力方向。在第三章，你将要通过几项评估——评估你的工作、家庭、社区和个人四个方面的重要性；评估你实际上在生活的各个领域分别投入了多少时间和精力；评估你对这四个领域的满意程度；评估你在这四个领域所追求的目标是否一致——朝着我所说的“四赢”目标努力。要付诸实际行动，我们首先必须弄清楚对你而言什么才是最重要的，这也是此后所有步骤的前提。

保持完整：付诸全面的行动

付诸全面的行动，你就能够以一套一以贯之的准则将生活的各个片段串联起来,实现内心世界的平和。出色的领导者有责任发现和尊重生活中的各个领域的价值诉求。为了获得支持,实现共同目标,他必须有能力平衡不同人之间的利益。他们将工作和生活的各个方面都安排得井井有条。他们积极发展那些可以帮助他们实现有价值的目标的社会网络和伙伴关系。

在第二部分,你将会弄清楚对你而言最重要的人是谁。首先,在第四章中,你将会找出在你生活中最重要的人。同时,你需要弄清楚你最期望从他们那里得到什么,以及他们最想从你这里得到什么。你将要考虑这些期望之间如何彼此影响,或许在你的人生中你将第一次把这些重要的关系看作一个相互依存的系统。你还需要检查这个系统的完整性,研究如何把这些分散的个体组合成一个整体。然后,在第五章中,你将要考虑使用什么方式来和这些我称之为"主要利益相关者"的人进行沟通。然后,在充分的准备之后,找合适的时机与他们进行交流,通过观察他们的反应,来验证你的假设。这经常是全面领导力项目中最具挑战性的部分。同时,你将会弄清对你而言最重要的人真正关注什么,从中你将获得崭新的认识,并取得最大回报。

激发创造力:付诸创造性的行动

付诸创造性的行动,你就能够较快地适应新环境,满怀信心地寻求解决问题的新途径,始终充满活力。出色的领导者会对实现目标的手段不断地进行思索。为了实现既定目标,他们会采取极为灵活的手段(灵活地选择以何种方式、在什么时间、从哪里着手)。他们有勇气尝试使用新的方法和新的交流工具来更好地满足那些依赖他们的人的期望。他们不仅仅依靠碰面的时间来把事情做好，而且还会利用新媒体提供的灵活性和控制优势聪明地使用时间。

在已经清晰地认识到对你最重要的事情和最重要的人的情况下，你已经为继续展开我们的第三部分内容做好了铺垫。这阶段通常是最愉快的。在这一部分中，基于你前面已经学到的东西，你可以设计和实施一些聪明的实验，为你生活中的各个领域带来实质性的变化。在第六章中，你将会看到九种类型的全面领导力实验。在采取深思熟虑的行为创造有意义的、持久的改变时，你将会在第七章中发现非常宝贵的经验，这些经验将教会你作为一位领导者，如何通过同时满足他人和自己的利益，即通过共赢，来带领他们和你一起实现你所选择的目标。

最后，在第八章中，你将要仔细地回顾你已经走过的历程，并从中汲取经验。你将评估你所做的实验对你各种表现的影响程度，从中找出哪些因素起作用，哪些因素不起作用，以及相关的原因。你将会对你的“主要利益相关者”的期望，以及你自己的价值观和抱负产生新的认识。作为想要拥有丰富人生的成功领导者，你自己也可以从中寻求启发，找到持续发展的方法。

但是，在我们开启这段旅程之前，首先，我要对我将要谈论的领导力进行定义。然后，我会很简要地回顾一下全面领导力项目的思考过程和历史背景。最后，我要谈谈为什么我认为在今天的商界中全面领导力方法是一个有价值的方法。

重新定义领导力——将人作为一个整体来考虑

通常情况下,对领导力的定义是:“领导者带领人们实现有价值的目标的能力”。

传统观点认为领导力只是在某一时间段,在某一领域内,孤立于生活中其他各方面而存在。与之不同,本书关注生活中所有领域里的有价值的目标,力求实现“四赢”。将四个领域——工作、家庭、社区和个人——看作一个相互依存的系统,那么实现某一领域的重要目标就会更有可能。如果你能在考虑某一目标的同时兼顾其他几个目标的话,你将会是一个更有效率的领导者,将会更好地带领人们实现该目标。这并不意味着你在带领人们实现某一重要目标时一定要兼顾所有的领域,只是说如果你这样做的话,你将会更加有效率。

那么,我所讲的领导包括哪些人呢?在领导力理论和实践中,有一种认识正在获得越来越多的认可,即领导力不是管理者和主管所独有的,而是普遍存在的。更进一步讲,当所有人都感觉自己像领导者,都认为自己能够领导人们实现有价值的目标的时候,群体和组织都将从中受益。领导力是一种无限的资源:越多越好。

因此,成为一位领导者,并不一定意味着担任中层管理者或者总经理。成为一位领导者意味着采取鼓舞人心的行为,让人们采取聪明的措施,按照你所选择的方向,实现一些对所有参与方而言都有重要意义的目标,换句话说,就是实现各方共赢。个人无论位于组织或群体的哪一个层次,都能做到这一点。他们能够在事业、家庭、人际关系、社区和社会交往中发挥领导力。

当然,这不是说,在自主权、可得资源和影响力方面,位于职位最末端的个体行为人和总经理是一样的。不同层次的领导者其自主权、资源和影响力是不同的：

- 个体行为人：我和我的世界（工作、家庭和社区）
- 中层经理：我和我的世界，包括我的下属
- 总经理：我和我的世界，包括我的组织

但是“四赢”可以在任何层面发生。任何选择努力带领人们奔向有价值目标的人都可被称为“领导者”。每一个人都有领导潜力，都能够在生活的各个领域充当领导角色。最重要的是，领导者意味着你能够成为自己生活的主宰，去影响这个世界上你最关注的事物从而创造丰富的人生。

全面领导力会挑战并改变一个人作为领导者看待自己的方式。本书将教给你一种可以提高领导者基本素质的方法，使你力求真实、保持完整和激发创造力。不过，这种方法因人而异。例如，一个54岁的高级经理在读这本书时的感受与一个20岁的学生会完全不同。但是，他们都将了解到力求真实、保持完整和激发创造力对他们而言意味着什么；他们都将学会如何在自己的生活中实现“四赢”。

正如全面领导力项目的其他学员一样，你将会看清自己生活中不同领域之间的联系，认识到只有整合它们，而不是在它们之间寻求平衡，你才能取得最大的回报。你将会在工作中表现得更好，因为你的工作、家庭生活、社会角色和个人之间实现了和谐。作为领导者，你将会找到更好的做事方式。毕竟，商业领导能力并不仅仅与商业有关，它只是完整生活的一部分。

重新定义工作/生活——实现“四赢”

全面领导力方法是要实现“拥有丰富人生”的目标，但是绝对不是“工作和生活之间简单的平衡”。在工作和生活之间寻求平衡的想法是错误的。首先，这个想法意味着为了实现我们需要的稳定的均衡，我们就必须在生活的不同领域间平均分配时间和精力。可是，对于许多人而言，这种做法是没有任何意义的[②]。其次，它意味着一种交易，即一个领域的收获必定要以另一个领域的损失为代价。即使这是不可避免的，把工作和生活看作一系列的交易从根本上说会适得其反。当你的目标是在工作和生活之间寻求平衡的时候，你将被迫玩一场“零和游戏”。

这种寻求平衡的做法不切实际，并会对我们很多人构成束缚。我们可以将追求的目标比作爵士乐四重奏：成为一个全面的领导者就如同用生活中的不同乐器来演奏层次分明的音乐。演奏音乐不是要通过降低小号的声音来突出萨克斯，而是要充分发挥各种乐器的长处。只有找到方法整合生活中的四个领域，在每一个领域里找到可能促进其他领域取得成功的潜力，你才能体会到我们大多数人忽视的地方所产生的协同增效作用带来的好处。

事实上，在过去的几十年时间里，倡导工作/生活和谐的人们已经取得了可观的成就。他们通过制定政策和实行培训项目，使得职场男女更容易过上全面和丰富的生活[③]。不幸的是，工作/生活整合项目经常被认为会引发工作和生活中其他领域利益之间冲突。我们需要消除隔阂，取而代之，以“四赢”的眼光来看待生活。想要实现“四赢”，从现在开始，我们就必须明确一点，即生活中四个领域的任何一个方面要想有所得，就必须保证每个领域都能有所得。

许多工作/生活政策和项目都是自上而下发起的，而且为了平等起见，都被标准化了。但是，正如我们不能用一个尺寸为所有人做衣服一样，我们在设计工作/生活项目时必须考虑到差异化因素。无论是否得到足够的支持，不同层面的个体都必须行动起来去创造有意义的改变；不同环境下的人必须用不同的方式来整合他们的工作和生活。全面领导力在工作/生活领域的研究中迈出了新的一步：它是为不同个体量身订制的实现"四赢"目标的综合性方法。

追根溯源：全面领导力方法在20世纪的思想源泉

自从人类产生意识以来，人们就一直在追寻两个孪生问题的答案：怎样激发人们做出有意义的改变；怎样才能拥有丰富完整的人生。据查，全面领导力可能起源于神话传说中的苏美尔国王吉尔伽美什(Gilgamesh)，而在沙漠里进行的摩西(Moses)审判，柏拉图(Plato)的哲学教育，爱默生和索罗(Emerson and Thoreau)的先验说，以及卡尔·马克思(Karl Marx)的关于生产的权利和方法的学说都是全面领导力方法的古典思想源泉。

全面领导力方法是基于20世纪的一些学者的研究建立起来的，这些基础性的研究包括：什么是领导力？为什么领导力很重要？如何实现工作和生活的和谐？组织如何培养有生产力的员工？人们和组织如何学习和变革？让我们来简要地回顾一下这些研究[4]。

什么是领导力？为什么领导力很重要？

早期关于领导力的研究主要集中在领导者的个性特征方面，认为好的领导者展现出独特的品质，例如创造力，乐观，自信，坚定，有自知之明，能照顾到其他人的需求，有目的性，能激励其他人，会授权，善于倾听和理解其他人的观点。学者们研究如何将不同的领导风格与不同的领导情景相匹配。在20世纪90年代，一个包含了领导者个人因素的领导力模型——情绪和社会智力理论——出现了。在这个模型中，对领导力的研究开始关注对领导者内心世界，以及与之相联系的基本人性的研究。

对于领导者而言，最重要的事情是什么？他们需要激发员工的工作热情，带领他们取得成功。有两种方式可以帮助领导者实现这一目标，一个是"路径—目标模型"，即领导者通过满足下属的需要带领他们沿着清晰的路线去实现既定目标；另一个是实验模型，即领导者带领人们一起探索改进一个团队、一个组织或者一个社区的绩效。

20世纪60年代提出的"人类潜能运动"，强调授权给个人，对"领导者就是指挥下属做事情的人"的观点发起挑战。领导不再仅仅是处在金字塔顶端的管理者们要做的事情，组织里的每一个人都有份。而且，在过去的40年里，领导力研究已经越来越多地关注人们在工作中更深层次的价值需求，而不仅仅是工作绩效。

如何实现工作与生活的和谐？

随着领导力研究的深化，组织心理学家和社会学家开始重新思考我们在生活的各个领域中所扮演的角色，以及这些角色之间如何相互影响。在 20 世纪 60 年代,学者们开始运用角色理论和系统分析法来理解组织以及组织中的人的生活[5]。20 世纪 70 年代的其他研究主要关注在社会和组织中工作与家庭之间的联系[6]。随着工作/家庭研究的进一步深入,研究者们把目光投向了工作中的孩子抚养问题,将孩子们看作是"工作中看不见的利益相关者"[7]。

在过去的 20 年里,该领域——现在被称为"工作/生活研究领域"——迅速拓展,不仅儿童抚养和组织心理学领域的研究者们继续开拓,而且来自劳动经济和法律、商业战略、文化人类学、公共政策、家庭系统,以及国际企业管理等领域的研究者们也纷纷投身其中。研究者们发展出了很多新的模型,来解释人和组织如何管理存在于生活中不同角色之间的动态冲突。然而,直到最近一段时间,研究者们一直把关注点集中于工作和生活之间的冲突上。我们逐渐认识到,我们不应该把生活的某一领域看成是孤立的,而应该把它看作是一个共荣共损、相互依存的角色系统的有机组成部分。

组织如何培养有生产力的员工?

流水线生产和官僚组织结构产生了大量的非人性化的工作。对于这种现状的批判,以及寻求对此做出改变的努力,成为全面领导力方法的一个重要思想来源。商业领导者们逐渐认识到把工人仅仅看作生产机器的延伸的作法,是具有破坏性的。它减少了工人的工作积极性,降低了工人的生产效率。到 20 世纪 60 年代,每个领域里的人都在寻找为集体目标努力的时候也能表现个人积极性和创造力的新方法。人力资源管理领域和组织开发领域都取得了很大的进展,他们致力于通过改善工作环境来提高工人在工作和生活中的双重满意度。现在的一些做法,例如灵活选择工作场所等,就反映了那时出现的理论,即如何设计工作,使它能够对个人和组织都有好处。

在 20 世纪 90 年代,越来越多的研究者开始研究"人力资本"问题,也就是个人对于企业的价值问题。这种价值不仅仅包括技术技能,而且还包括一些看不见的东西,例如激情和团队凝聚力。投资于人意味着投资于"完整的人"的观念已经形成共识。对雇用新员工的分析越来越多地集中在工作和生活两个方面,对于"好好工作"的概念也有了新的解释。秉承精神传统的作者们通过强调在工作和组织生活中的意义的重要性而为全面领导力方法的提出做出了一份贡献。

人们和组织如何学习和变革?

从西格蒙德·弗洛伊德(Sigmund Frued)到卡尔·罗杰斯(Carl Rogers)的精神分析学家,以及那些将心理学思想和个人能力应用到组织领导领域的研究者们,共同形成了有关领导力的本质和寻求工作内外幸福的一些思想。约翰·加德纳(John Gardner)雄辩地写出了他作为企业管理者,以及政府管理者的经历,强调毕生都要有自知之明对领导力而言是至关重要的,因为它是自信的基础。

其他一些研究者提出了一些模型,指出从实践中积累的知识能够促使人做出改变,而这种改变反过来能够激励个人,焕发组织活力。学者和从业者已经设计了很多工具,力图系统性地促成有意识的改变,并把现实世界的挑战、评估、社会支持(帮助提炼出有价值的经验的教练)等要素结合起来,以此来提升组织中的领导力[8]。

通过撰写有关组织文化的阻力和动力的内容,我对于人文系统中的变革已有了较为深入的了解。组织理论家们提出将“小赢”(small wins)作为创造大规模变革的一种方法[9]。彼得·德鲁克(Peter Drucker)等管理学家认为:“有效的创新必须是简单凝练的。有效的创新必须从小处着手”[10]。最近,管理者们正在接受一种来自实践者的科学观点,即用必要的策动变革的技能把自己武装起来[11]。

21世纪的全面领导力

全面领导力项目直接从上面这些思想源泉中发展起来,体现了我们新千年之初的时代特征。目前,我们的时代特征主要表现为以下几个方面。

社会变革

父主外、母主内的家庭模式已经被完全不同的“标准家庭”模式所替代,这需要男人和女人极大地改变他们对工作时间的看法,因为不仅仅男人有自己的事业,女人也有。性别平等,虽然还没有完全实现,但是却正在社会生活的各个领域内摧城拔寨,不断创造出新的预期和机会。最近,随着公司丑闻而来的是商业地位的降低,市民们对公司提出了更高的责任和伦理要求。新的公共政策迫使商业经理们去寻找更加稳固的道德依据,避免贪婪的诱惑。

新劳动力的需求

人们都希望自己所做的工作能够对这个动荡的世界产生积极影响。最好的公司是:在这里,人们努力工作,和谐相处,彼此就像朋友一样。然而,对单一组织的忠诚已经一去不返。

技术转移

数字革命迫使每个人都必须学习如何使用那些能够给我们带来更大自由的新的沟通工具(使我们不再局限于特定的时间或地点),但是新的沟通工具也经常置我们于新的奴役之中,经常让我们一周7天一天24小时都不得消停。我们作为自己生活的领导者,新的媒介要求我们选择在哪里,在什么时间,以什么方式来做事情,要求我们对生活中各个不同领域之间的界限进行管理。这把我们和前人区分开来,他们的工作习惯是由季节变换和日升日落决定的。

组织和市场中的变革

变革的疾风劲雨正迫使商场中的每个人不断地调整自己,时刻准备对新环境做出改变。对生产率越来越高的要求压迫和撕裂着我们的生活,引发我们的健康问题,导致我们筋疲力尽。同时,由于在经济关键部门人才的持续短缺,商业竞争从某种程度上来讲也是"人才大战"。扁平化的组织结构对所有人而言意味着要承担更大的责任。然而,与此同时,全球化和不断增长的人才多样化现实却需要新的方法来激励来自于不同背景的人们。

如何使用本书

全面领导力项目吸收了前人的思想,融合了今日世界的需求。但是,本项目以你的全部生活和对你而言最重要的关系为背景,始终围绕着你个人展开。社会结构和管理实践塑造了我们日常生活的轮廓。然而,最有力的变革,是源自那些信任自己的人,以及那些知道如何获得他们所需要的支持的人。

是领导力驱动变革,让变革成为现实。

无论你的职位是什么,无论你处于职业生涯的哪个阶段,无论你的生活环境如何,也无论你正在经历着变革环境怎样的冲击,你都必须选择领导。如果你想有所不同,请把自己想象成领导者,你将有可能过上你想要的生活。这绝对不是空想,而是将会对你今天以及以后的生活产生实实在在的影响。

人们对全面领导力方法充满兴趣,这是因为他们想要解决某一类问题。通过实践这个方法,他们通常会发现意想不到的问题并找到解决办法。这本书将一步步带领你,帮助你变成你想要成为的领导者。

全面领导力体验仅仅需要你用一个现实的眼光来看待你生活的大画卷,然后使用设计好的工具来帮助你实现更有效率的领导。你将决定你想要做出什么样的改变,以及你想要如何实现这种改变。你需要做一些严肃的反省。但是,你也需要向其他人表示关注。你将会和你圈子里的人进行密集的、卓有成效的交谈。因为涉及到其他人,这个项目的使命感使得这种改变势在必行。

你或许只想随便翻翻这本书,那么我鼓励你按照顺序认真地、完整地读,因为本书有一个经过实践检验过的逻辑体系。花些时间,想想你对本书所设置的评估和练习会作何反应,它们会为你将来的行动做好铺垫。

如果你对全面领导力方法感兴趣,并想做更进一步的探索,那么，附录C——进一步阅读的书目，将会为你提供与这个主题相关的文献和研究。如果你想要在一个团体或者公司里试演如何实现这些想法，阅读附录B——在你的组织里通过全面领导力实现‘四赢’。

如何使用练习

书中的练习将改变你的思考和行为方式。为了让各种方法行之有效，我尽量采用直白的方式来表述。除了个别例子之外，我不希望你在这本书里写写画画，因此请你找一个笔记本，或者建立一个数字文档，来记录自己的心得。你甚至可以做音频记录或者视频记录，而不是文字记录。

要想获得成长，成为一个领导，就必须舍得花时间。从开始到结束，这本书大概要花掉你四个月的时间。在这期间，你需要阅读和做练习，有的练习仅仅花费你几分钟，有的则需要几小时、几天，甚至几周的时间。但是，你可以自己控制速度。这样的投入将会为你开启一种全新的成长方式，使你成为优秀的领导者。

如何创造一个教练网络

当你已经可以用你自己的方式应用本书的基本原则时，如果有人与你同行，你将会从中收获更多。和你身旁的人一起来完成这个项目是明智的，因为这会防止你在没有人监督的情况下决心减退。你的同伴将推动你做你曾承诺过的事情，进行更深入的思考，用不同视角看待问题，帮助你实现真正的改变。通过帮助别人去实现他们的目标，你也将会受益匪浅。

可以考虑找某位你认识的人做你的教练。教练能够从不同视角帮助你对所学过的东西进行提炼，然后，在接下来的实践中，鼓励你明智地冒险。教练能够帮助你解释你得到的结果，从中总结经验教训。教练还能够通过情感支持增强你的信心，为你出谋划策，帮助你实现目标。

最简单的办法是找到一个人，作为你的教练，同时你也是他的教练。但是，最好是组成一个三人小组：一个由朋友、家人和同事组成的网络。比方说，有阿里（Ali）、巴布（Barb）、查理斯（Charles）三人。阿里辅导巴布，巴布辅导查理斯，查理斯辅导阿里。这样，当你辅导的时候，你会真正地把心思全部用在他的身上，反之亦然。辅导不必是复杂的，可以包括阅读和评论辅导对象所写的东西，就他的行为与他进行交流。我将会让你知道，什么时候辅导对象该对教练讲话，什么时候教练该对辅导对象讲话。我将给你提供一些有价值的问题，用来向辅导对象提问。参见附录A——全面领导力教练网络。

全面领导力网站：*www.totalleadership.org*

并非只有你一个人面临着成为理想领导者的挑战，以及整合工作和生活的困难。我已经开发了一个在线网络，为相关人提供集合点，便于他们互相帮助，互相支持，去推进有意义的、可持续的改变。在www.totalleadership.org的网站上，你能接触到其他已经实践过全面领导力方法的人，还有那些急切地想要当教练，与别人一起分享想法，推动创新的人。你能够在任何地方邀请你生活中的重要人士登录该网站，为你提供反馈。你也能够在那里找到资源，例如绩效改进工具、进一步阅读的书目、优秀的实验案例、有效的全面领导者的故事，还有其他你感兴趣的博客和链接。

准备出发：锁定目标

已经体验过全面领导力项目的人，例如詹娜和安德烈，表示他们与他们想要过的生活距离越来越近了，他们认为工作不仅仅为自己创造价值，也为身边的人创造价值，因此感觉彼此之间的联系更加紧密，工作成就感更强。

全面领导力方法帮助你开发职业选择能力。虽然每个人都为了不同的目的来参加全面领导力课程，但是大部分的人都急于寻求某种建设性的改变。现在，找一个合适的地方，借助笔记本、电子文档、博客、声频或视频记录，总之任何适合你的方式，简要地写下你读本书的原因。用下面的练习作为指导。一开始就搞清楚努力的方向将有助于你有所侧重地研读本书，从而帮助你更好地实现你的目标。

你参加全面领导力项目的目标
用一段或者两段话，写出你读此书的原因，以及你希望从中得到什么。花一点时间看看你对此有何反应，然后，把它记录下来，选择一种方式（无论电子文档、博客、声频还是视频记录，总之任何适合你的方式），记录下来你对全面领导力项目的感想。

第一个练习既是一个起点，也是一个参考点。对目标的评估可以帮助你建起一个基本的底线，这将使你很容易看到你已经取得的改变——你的行动如何得到改进，对你的领导者角色有多少了解——这些都是你研读本书的收获。

然而，你读此书的理由可能会随着时间的推移而发生改变。这种事情经常发生，因为你的目标发生了改变。这是好事情，因为这表明你在思考什么是重要的，也表明面对新的机会、带着新的视角，你正在做出调整。

现在，让我们继续了解真实意味着什么。

第一部分

力求真实

——付诸实际的行动

第二章

弄清对你而言什么才是重要的

力求真实，并付诸实际的行动，其本质在于首先要认识到你真正关心的事情是什么，然后尽你所能地、真实地面对这些价值观和抱负。本章中要做的练习将会帮助你弄清生活中对你而言最重要的事情是什么，这也将为本书其他部分内容的展开打下基础。

田中克里（Kerry Tanaka）是那种让人看一眼就会喜欢上的人。她在一家制药公司从事市场营销工作，为了开展业务，她整天在外奔波，尤其是去欧洲比较多。她芳龄 27 岁，身高 5.4 英尺，仍旧单身，经常跑马拉松锻炼身体。克里是第一代美国人，她出生在美国，父母都来自日本。她说："作为在美国白人社区的中上层家庭里长大的日裔美国人，我的外表与周围人有差异，这迫使我转而专注于内在自我的塑造。"她独自一人住在旧金山市一栋色彩淡雅的公寓里，这是她最近刚刚购买的。她做每一件事情都抱着巨大的热情，因而总能使人感到愉快。

在全面领导力课程开始之际，我请克里展望一下15年以后她生活的最好状态。她写道：

"在从现在起的15年里，我会对我所在公司的发展感到吃惊，它将从一家只有17人的小公司迅速成长为拥有将近1000人的大公司。公司的管理团队营造出一种共有的文化归属感。公司就像一个大家庭，所有的员工都认为自己的工作是重要的。他们每天都盼望着来公司上班，不仅对我们开发和销售的产品全心投入，而且也对与他们一起工作的人尽心尽力。我们为公司一系列创新性的产品而感到自豪，这些产品为使用它们的医生和病人带来了与众不同的、舒适的感受。

人们把我看作是正直、谦虚、有同情心的领导。他们知道我是不会忘本的。我记得每一个员工的名字，把他们看作是有血有肉的人，而不仅仅把他们当工人看待。我认识他们的家人，他们也认识我。许多女性把我看作是她们的良师益友。我能够发现公司的未来之星，发掘他们的潜力和能力，细心地培养他们成为下一代的领导者。

我有一个美满的家庭。我的孩子们在上小学。我和我的孩子们保持着我和我妈妈一样的关系。我和孩子们打成一片，和他们一起实地考察、旅行，支持他们参加课外互动，成为他们的朋友、老师、纪律监督者和照顾者。我的孩子们都将成长为善良、有同情心的成年人。这是我一生中最重要的事情。"

现在，让我把你从克里对未来的设想中拉回到现实来吧。现实中，克里每天工作 11 个小时。在她繁忙的出差时间表里并没有安排她最想要做的事情：去看望她的父母和兄弟。他们住得很远，她十分想念他们。却不能和家人相聚，因为她经常要参加不同的朋友圈子的聚会，有些朋友是很亲密的，有些则关系一般。克里十分开朗，擅长社交，她喜欢和男朋友，还有其他一些朋友一起聚餐、看电影、听音乐会。然而，尽管她每天的生活都排得很满，可她还是失去了很多东西。

当我请克里说出她参加全面领导力课程的原因的时候，她说："作为一个单身女性，我希望自己能够集中精力做好工作，在事业上取得进展。结果，这使得我感到空虚。我想要抽时间和好朋友们聚聚，一边尽情地玩，一边谈论我们生活中的重要事情。在工作中，人们之间相互支持，但是我不认为他们理解我想要同时改善我的工作和生活的愿望。"

上文引用了对本章提供的练习所做的回答。所有这些练习的目的就是要帮助你注意自己以及周围的世界，让你以一种新的视角来看问题。弄清对你而言什么事情是重要的，这将会帮助你审视你所关注的重点，你在生活中的行为方式，以及你与那些对你而言最重要的人之间互动的方法，并从中找到差距。这能激发你做出有意义的改变。

在本章的最后，你将要对你生活中重要的事件、你心目中的英雄、你期待的未来，以及你的核心价值观进行回顾和反省。这些练习需要大约三小时（一些人可能用的时间多一点，另外一些人可能用的时间少一点；不必一次全部做完）。我的意见是，花上一些时间，不要草草了事，对你自己负责任。如果你公开坦率地把感想写出来，你将会得到更大的收获。记住,你私下写出来的东西,不一定是你最终要公开给别人看的东西,你可以有选择地给别人看。

你来自何处?

为了加深你对于"你是什么样的人"和"你想要成为什么样的人"

你来自何处?

在做这个练习的时候,请找一个舒适的地方,思考下面两个问题,然后在小本子上、在博客上(或许在 www. totalleadership. org 上)、在录音磁带上,或者在任何媒介上,记录下你的答案。给自己充足的时间来作答,可以一次完成,也可以分几次完成。

你的故事:你生命中的关键事件

回想你的成长史,找出你生命中最重要的四或五个事件或情节,以及决定你今日人生的时刻。按照时间顺序,讲出这些事件的经过。对于每一个事件,简要地描述一下它对于你的价值观和生活方向的影响。

你的英雄:你崇拜的人

用大约一段话,描述一下你所崇拜的人。你曾把他看作是英雄。他或许是你认识的人,或许是你从来未曾谋面的人。在你描述完他以后,用一句话或两句话写出你崇拜这个人的理由。

这两个问题的认识，现在，请回顾和评价那些已经塑造了你人生轨迹的人和事，然后把它们写下来。在这里，你正在提出一个重大的命题：我是个什么样的人？我来自哪里？如果你已经有了答案，那么你将会在下面的练习中，很容易地回答“你将要去哪里”和“你最关心的是什么”这两个问题。完成了上述工作以后，你将会很容易地以一种令人感到舒服的和非常有吸引力的方式与那些对你而言最重要的人来交流这些事情。

为了讲一个故事鼓舞其他人，你必须找到一个方式，首先讲清自己的历史，然后把它与某个集体联系起来——这个集体可能是职场同事，你的家人，你的朋友，或者是你的社区成员。你可以先从对你产生过重要影响、你一直秉承的理想开始，并思考它们之间的联系。

马丁·路德·金(Martin Luther King Jr.)把他自己的生命融入到了我们集体的历史中来，他在“我有一个梦想”的演讲中，颇有激情地向大家描述了一个完整的国家的愿景，这个在1963年唤起行动的呼吁感动了一代美国人，产生了持久的影响。这是我所知道的将一个人的历史与一个集体的故事联系起来进而迸发出伟大力量的最好的例子。当时，在这个演讲一开始，他用冗长的故事详细地讲述了历史的不公正，我们知道他个人遭受了这些不公正。当他讲到未来的时候，他描绘了自己家庭的愿景：这同时也是我们国家的愿景，“我梦想有一天，我的四个孩子将在一个不是以肤色，而是以品格优劣来评价他们的国度里生活。”当然，我们都不是马丁·路德·金，但是我们都能够以我们自己的方式效仿他，因为我们都有能力将我们自己的故事与我们所处的大环境联系起来。

我真的希望你讲个故事。“故事是一种基本的人类认知形态”，霍华德·加德纳(Howard Gardner)在《领导智慧》(Lcading Minds)中写道:“巧妙的构思和清晰的讲解是领导者才能的重要组成部分。”加德纳继续说道,“故事有助于人的思考并能让他们意识到自己是谁,来自哪里,又将要去向哪里……故事成为领导者文学武器库里最重要的武器。”①

当你讲述你的领导力故事的时候,你要清楚地说出你的“定义性时刻”,正如领导力学者约瑟夫·巴达拉科(Joseph Badaracco)所说的那样。“定义性时刻”通常指你生命中所做出的一些选择——在做这些选择的过程里,你的价值得到发现、塑造,并接受检验。这些事件会帮你弄清对你而言什么事情是最重要的,你的持久不变的承诺是什么。史蒂夫·乔布斯(Steve Jobs),苹果公司的创办人之一,在2005年斯坦福大学(Standford University)的毕业典礼上讲了一个故事,即他30岁时被一家公司解雇的事。而这家公司是10年前他在父母的车库里创建起来的公司:

> “那真是一个公开的失败,我当时甚至想从硅谷中逃走。但是,一些事情开始慢慢鼓励我,那就是我依然热爱我所从事的事业。在苹果公司的人生逆转并没有改变这一点。虽然我已经被解雇了,但是我依然热爱这份事业。因此,我决定重新开始。
>
> 那时我并没有意识到,但是事实却是,被苹果公司解雇是我能遇到的最好的事情了。成功的重压被成为再次创业者的轻松所取代,每一件事情都是不确定的。这次事件释放了我的活力,让我进入了人生最重要的创造期。”②

乔布斯的故事包含了一条重要的经验，那就是它阐明了做真正的自己的重要性，人生要力求真实，要从事有意义的工作。他的故事的价值在于：面对挫折，毫不气馁，寻求自由，成为自己理想中的领导者。

> “我确信唯一能让我前行的事情就是我热爱我的工作。你必须知道你热爱的是什么。对你的工作要像对爱人一样真实。工作会占据你生活的一大部分，你能够获得满足感的唯一方式就是做你认为伟大的工作。而要使工作成为伟大，唯一方式就是热爱你的工作。如果你依然没有能够找到这样的工作，那就继续寻找。千万不要等下去。”

罗克珊的故事

当你在工作场合遇到罗克珊·帕帕斯-格兰特（Roxanne Pappas-Grant）的时候，你会为她全神贯注的神情感到震惊，看上去她能够应对任何情况。她40岁出头，有一头整齐的头发和一口好看的牙齿，淡淡的妆容增强了她柔和的眼睛和鼻子的自然美。她是一位完美的21世纪职业经理：在一家跨国化学品公司的事业部工作，有着强烈的成功欲望，是领导销售业绩增长的发动机。“我对工作的关注程度往往令人难以置信，”她这样评价自己，“那就是追求职业生涯发展来实现个人价值。”

但是，罗克珊也有另外一面。她还是一个妻子和母亲。当我第一次见到她时，她正对她当时的生活现状感到越来越不满意，因为她感到自己与家人，尤其是与孩子们之间的联系越来越少。工作对于罗克珊而言无疑是重要的，但并不是她生活的全部："我已经从目前的艰难处境中认识到我的职业成就并不代表一切，我发现在生活中还有很多事情需要我去付出，我们不可能从工作中得到我们想要的一切。"当我问她参加全面领导力项目的目标是什么的时候，她说："我认为，在我的生活中，我应该对于我到底想要什么有一个清晰的愿景，不仅仅在工作中，而是包括生活的各个领域；此外，还要搞清楚成功意味着什么。通过全面领导力课程，我可以弄清楚对我而言最重要的事情是什么——我不确定我现在是否还知道——这就是我来此地的目的。"

在全面领导力项目的开始阶段，罗克珊逐步认识到她在工作中所追求的价值和利益与工作之外的她所追求的东西完全不同。这让她很失望，她开始寻找方法在工作中做回真正的自己，和孩子们重新建立起亲密的关系，这有助于强化她的自我真实感，同时，她也希望这样做反过来会让她的工作变得更加有效率。

在重新定义她的工作角色的过程中，罗克珊写下了她生活中的重要事件：

> "父亲对我的生活产生了重要的影响。他做事有很高的标准，相信除了刻苦工作，没有其他的途径可走。他认为一个人应该时时反思自己的行为，寻求自我完善。生我时他想要一个男孩，这是他最后的机会——结果没有成功，为此他甚至还给我起了一个男孩的名字。但是，他并没有失望。相反，他认为我就是那个"他从来没有过的儿子"，并且把很多自己的希望和梦想寄

托在我的身上。他以希腊移民的身份来到美国，接受了电气学徒培训。他想引导我成为电气工程师，让我学会思考，获得比他更多的机会。

在中学里，我不是一个受人欢迎的孩子，我整天学习，很少社交。我发现做一个循规蹈矩，而不是特立独行的人有很多好处。我能够采取一些我认为是更有原则性的行动；我不必考虑我的朋友们在想或者做的事情。这让我更加着重被人尊重而不是被人喜欢——因为我发现受尊重对于一个领导者非常重要。不过，我必须承认被人喜欢的感觉很好。

在大学里，我终于变成了一个"受人欢迎的孩子"。当我仍然觉得受尊重要比被喜欢更有价值的时候，我发现我拥有激励人的才能。在较高年级的时候，我是四个大学社团的主席，并且在另外四个社团里也很活跃。我发现我有和人们一起工作的真正的需求。虽然工程学院迫切希望我去读电机工程博士，我还是选择了一份管理人和团队的工作。"

写出自己生活中的重要事件帮助罗克珊更清楚地看到她是如何走到今天这一步的，并且让她认识到了对自己而言最重要的事情是什么。首先，这让她更加坚定了她自己所从事的事业。同时，这也帮助她理解了为什么她总是在工作中投入如此大的精力，以至于荒废了生活中其他重要的事情。

每一个人都有自己的故事，每一个故事都是不同的。每一个人的领导力项目之旅也必定是独一无二的。进一步讲，在你尽力调查对你而言最重要的事情是什么，以及你将要向哪里发展的时候，你越是能够更好地写出你生活中的实际故事，把它讲出来，你就越是能够让你身边的人更好地认识、理解和支持你。

我力劝你尽快付诸实践，使自己变成一个讲故事的好手。学会讲出鼓舞人心的故事，故事的主题就是关于你是什么样的人，以及你将要去向哪里。正如诺埃尔·蒂奇（Noel Tichy）在他的著作《领导力建设》（The Leadership Engine）中所讲的："最有效的领导者是那些同他们的领导力故事有联系的人……当我们知道了我们的故事，我们就认识了自己。"但是，你的故事不仅仅是为你自己准备的。这些故事很重要，正如诺埃尔·蒂奇写道的："它们可以让其他人了解我们。通过让其他人走入我们的思想和生活，故事能创造真实的、人性化的联系。"③

克里和安德烈心中的英雄

研究你曾经敬仰过的人以及他们的故事也是很有用处的。描述你心目中的英雄，认真想想你为什么敬仰他，这会帮助你找到生活中一个真实的人，他/她拥有你愿意效仿的品质。这是另一扇窗，通过它你能了解你想要成为什么样的领导者。克里选择把弟弟丹（Dan）作为她的英雄。

> "在24岁的时候，丹参军入伍，成为一名美国军人。在他整个服役期间，他表现出了令人难以置信的决心和纪律性。自从入伍以来，他一直集中精力做两件事情：拿下大学文凭，成为"绿色贝雷帽"的一员。对这两个目标他孜孜以求。在仔细研究了紧张累人的绿色贝雷帽/特种部队资格课程以后，他接受了几个

月的训练，以完成身体和精神上的准备。接下来，丹又被选中，开始了为期三个星期的绿色贝雷帽/医疗兵培训。我对于他将成功地完成为期两年的严格的培训项目没有丝毫的怀疑。丹是我的英雄，因为他不懈地追求自己的目标。但是，更重要的是，我更尊敬他追求目标的方式。他在这个过程中展现出了自己的血性和激情。”

克里的选择不仅反映了她的弟弟对于她的重要性，更反映了她对于坚定不移地采取一种受人尊重的方式去追求重要目标的做法的认同。通过把弟弟描述为自己的英雄，她更加清楚地看到她生活中最重要的价值是什么。

安德烈·华盛顿选择他的母亲作为自己的英雄。

“她出生在实行种族隔离的南方，是10个孩子中的老三。她的妈妈因恶劣的工作环境死于呼吸系统疾病。在母亲16岁那年，她搬到了芝加哥，由她的姑妈抚养。在和我父亲结婚，并搬到西部来以后，她遭受了多年的家庭暴力，最终，她选择了与我父亲离婚。此时，她只能独自一人抚养两个孩子。在接下来的几年里，母亲依靠做工赚取微薄的收入，全家一直处于贫困线以下。但是，就是在这样一种情况下，母亲成功地把她的两个孩子送进了大学，接受高等教育。两个孩子毕业后，靠打工获得了文学学士学位。我一生所获得的所有个人的、工作的、精神上的成长都归功于我母亲无私的付出和牺牲。她的生命继续激励我不断地前行。”

安德烈将他的母亲作为自己的榜样，因为她面对逆境，勇往直前。仔细回忆你曾经敬仰的英雄，他们会引发你很强烈的情感反应，因为我们敬仰的人通常都在严酷的现实面前展示出一种必胜的决心。每一个人都能够将这种奋斗与自身联系起来，这对我们而言是有帮助的，因为它提醒我们：大部分领导者——那些想要改变事物，或者让事情变得更好的人——所取得的成就都是来之不易的。

讲述对你而言最重要的人的故事，以及他们为什么对你重要，这也是向他人传递你的价值观的非常有用的方法。同时，这也是一种剖析你自己的可靠的方法，由此其他人可以很容易参与进来。在全面领导力课程里面，当你与你最亲近的人谈论对你而言最重要的事情的时候，你将会看到这个方法的威力。

你的领导愿景

为了弄清对你而言什么是最重要的，下一步就是写出所谓的"领导愿景"——一个未来可实现的令人信服的景象。领导愿景是一种必要的手段，它能让你集中精力关注最重要的事情：在生活中你最希望达到的成就，以及希望成为什么样的领导者。一个有用的愿景，必须根植于你的过去，对未来加以展望，并且不脱离今天的现实。它代表了你是什么样的人，处于什么样的立场。它能鼓舞你以及你所领导的人采取行动，为了一个大家共同期盼的明天做出建设性变革。

非常重要的一点是，你所创造的关于未来的故事一定要是一个未来可实现的令人信服的景象。我们来更仔细地看一下领导愿景所包含的四个关键要素：

●关于未来的令人信服的故事魅力无穷；它扣人心弦，令人全神贯注。听过故事的人都想为此目标而奋斗，因为他们被打动了。想象马丁·路德·金那令人振奋的语言和观点——自由和正义——让我们热血沸腾。

●如果其他人与你一起向着明天跋涉，他们能发现什么？你所描述的未来是什么样子（未来是怎样的景象）？一个构思出色的领导愿景是用具体的词语来描述的，其他人很容易在脑中想象出来，并牢牢记住。让我们再想想马丁·路德·金的演讲："我梦想有一天，在亚拉巴马州（Alabama），黑人儿童能够和白人儿童兄弟姐妹般地携手并行。"每一个人都能够想象那个场景，并知道那意味着什么。

●你的未来故事应该是可望而又可即的。如果实现不了，你甚至不会有去尝试的动力。我们再一次引用马丁·路德·金的演讲："有了这个信念，我们就能一同工作，一同祈祷，一同斗争，一同入狱，一同维护自由，因为我们知道，我们终有一天会获得自由。"它不是天方夜谭。它是可能的。

●最后，未来意味着明天——从今往后的某个时间，但不可太遥远以至于无法到达。在演讲的结束部分，马丁·路德·金动情地号召大家一起敲响自由之钟，共同迎接一个新的、变革的世界早日来临。他大声讲道："当我们让自由之声轰响，当我们让自由之声响彻每一个大村小庄，每一个州府城镇，我们就能加速这一天的到来。"

当你想要以一种详细计划的形式写你未来的故事的时候，你标出前方道路上的里程碑，这时不要对某个特定的目标抱有太大的希望，否则如果失败了，你将会很失望。领导愿景与项目管理不同，领导愿景实际上是给你一个梦想的机会，你的思想可以天马行空，但是你的脚还在地面上。因此，当你想要写从现在起15年以后你的愿景的时候，不要太脱离实际，就想象一下，到那个时候，你的日常生活会是什么样子，然后再下笔。

而且，必须明白，伟大的抱负能鼓舞人心。你梦想为我们的世界做出什么样的贡献？尽力想想，我们怎样才能让这个世界变得对其他人更好。你或许把这看作是你的遗产。换句话说，如果你只能再活15年，在你离开这个世界以后，你将会给这个世界留下什么？你的生命对其他人而言意味着什么？

下面的这个练习与本书的其他练习一样。写下你的领导愿景能帮助你更好地认识对你而言什么事情是最重要的。它可能会给你提供一些新的观点，帮助你使自己的行动与价值观趋向一致。它将为你现在(乃至将来)做出的选择提供重要启示，告诉你如何利用你宝贵的时间。

在你写关于未来的故事的时候有点儿心里没底是很正常的(事实上，在全面领导力项目中有很多令人感到不安的练习)。当你阐述你的领导愿景的时候是有风险的：如果它没有实现怎么办？另外一个可能的限制因素是其他人可能会对它有看法。在多大程度上——你的目标和抱负——能够赢得其他人的尊重？现在不要担心。我将会讲到这个主题，即在你已经写完你的初稿后，如何向其他人传达你的愿景。记住，在全面领导力项目的整个过程中，你把握着自己的信息，如果你不愿意，没有必要把你的信息给任何人看。

你的领导愿景

在这个练习中，通过写一个从现在到未来15年之间你生活的小故事，来描述一下你想要成为什么样的领导者。

花些时间来思考这个问题，一旦你准备好了，就可以开始写了。尽量写得生动一点，使故事栩栩如生，而不要畏首畏尾。你的故事写得越好，那么你从这本书中能收获的东西也就越多。

如果你甚至不知道自己的生活会如何发展，或者你想要你的生活成为什么样子，那该怎么办？那就放开手脚，往最好的方面写。放开你想象的翅膀，尽量不要受其他人的影响（在本书的下一部分，我们将会探讨其他人对你的期望）。振作起来！

理想的结果是，你用大约一张纸的篇幅完成了草稿。它将是一个未来可实现的令人信服的景象。其中也描述了实现愿景的过程，包括你将如何到达那里；在目的地，典型的情形会是什么样子；最后，它将展示你如何以某种方式让世界变得更加美好。

有些人发现要写一个关于未来的故事是很困难的，因为他们不想给未来做个选择。毕竟，领导者要选择一个为之奋斗的目标，即使这个目标仅仅能帮助他们将注意力集中到现在发生的非常重要的事情上。一开始，做这个练习的目的，就是要帮你打基础：关于你未来的故事是出发点，正如后面即将要看到的那样，同时这也是一个返回点。

领导愿景不是固定不变的。你可以在你做出改变或者你周围的事物发生改变的时候及时调整它。新的信息，新的机会，新的障碍都会迫使你修改它。当你把自己未来的故事讲给其他人听的时候，你或许会听到一些不想听到的事情。人们或许会说你不能实现它，或者它是愚蠢的。但是，如果你不让其他人知道它，那么这个愿景实现的可能性就会大大降低。

你未来的故事越真实，知道它的人越多，就会有越多的其他人想要听，而且知道如何帮你实现它，即使他们现在并没有认识到它的价值。真正的领导力挑战在于你如何能将你的愿景变为他人也感兴趣、并真正从中发现价值的愿景。事实上，领导力的本质不就是找到创造性的方法来描述领导愿景，并且让其他人把这个愿景看作是他们想要实现的愿景么？

维克托的领导愿景

维克托·加德纳（Victor Gardner）在35岁左右的时候写下了关于自己未来的故事。维克托是一个典型的英国人，性格保守，难以捉摸，极具幽默感。他带着一幅金边的眼镜，明显分开的淡黄色的头发，给人一种有思想的感觉。这与他作为纽约一家大投资银行的信息技术部主管的角色正好相符。目前，他和妻子以及两个孩子——一个6岁的儿子和一个4岁的女儿——生活在纽约。

维克托承担着重要的职责：他管理着一个团队，该团队目前正在开发一个新的商业软件系统。他要负责协调这个团队与终端用户之间的关系，他还要负责在兼顾每个人职业发展的同时，领导这个拥有20名高级工程师的团队不断向前。然而，他并不总感觉自己得到了充分施展。他希望自己“能够尝试做一些新的事情，例如开发计算机系统、建房子、开公司，总之，任何新的事情”。进一步，他想让他的工作变得“有意义，而且与众不同”。他想要“释放他曾经拥有的激情”。

下面是维克托的领导愿景。这是他的第一稿，与其说它描述了一个“好的”领导愿景“应该”是什么样子，不如说它描述了一个“好的”领导愿景“或许”会是什么样子。

> 15年前，我的事业出现转机。我走出了“混日子”的生活状态，再次发现自己是那么喜欢与技术打交道。我研究如何通过让人们对自己和他们所从事的工作感到满意来激励他们努力工作。事实上，我是在教我的孩子读书和演奏乐器的过程中学习到这个方法的。
>
> 我的团队很成功，我们开发的软件成为我所在公司主流的桌面平台……（它的成功）让我可以有时间集中精力从创业者的角度在银行、建筑和物流等领域开展工作，为我们新的经营项目而努力……
>
> 我又在银行系统工作了5年，但是那时我已经开始着手与几个同事和朋友一起从事投资活动。在其中一个投资项目里，我把我的房产做了抵押，出资与朋友们一起组成了一个投资辛迪加*。我们买下了一座旧的仓库大楼，经过改造后，将其变为一个高档公寓。我的每一个家庭成员都参与到这些投资活动中，通过这种方式，我设法教会我的孩子们一个道理，即只要他们选

---

* 辛迪加——私人联合会，私人财团。

择了目标，并且坚定地去完成它，几乎没有什么事情实现不了。

最后，我从大公司跳槽，进入到一家小的创业型企业。我一直在人工智能应用领域进行探索，并开发出了一种我认为极具市场价值的软件的雏形。我和几个拥有互补技术的人一起组建了一家公司，这是一家将会对新技术开发方式产生重大变革的公司。

几年以后，我感到我应该从日常的经营中抽身出来。我喜欢园艺，开始在当地的公园里监督整修工程。我还开始为当地的植物园进行融资。

维克托的领导愿景讲述了很多在他写这个愿景的时候对他而言很重要的事情。这表明他正在开始以新的方式看待问题，正在运用从生活中一个领域中得到的资源（教他的孩子们）来帮助自己把另一个领域内的事情做得更好（激励他的员工）。写下他变换工作的经历——从一个大银行的高级经理到自己当老板，与朋友们一起在一个与银行完全不同的环境中工作——可以帮助他在自己所选择的道路上取得更好的发展。之后在对这些问题进行仔细思考时，他开始明白整合自己生活中各个领域的任务是一个持续的挑战，他不需要一直等到退休后才开始做自己喜欢做的事情。他也逐步从为社区和社会做贡献中发现了新的意义，并积极寻找机会这样做。更重要的是，写下自己的愿景，然后讨论它，这鼓励维克托现在就着手做出富有建设性的改变。

当你说出你的领导愿景时，你一定要满怀激情。当你为其他人描绘未来景象的时候，你要用你的激情感染他们。你可以找一个适合你的方式来尝试一下，这样，你将会在这方面有更好的表现，即使你并不是一个有天分的演讲者。

讲述未来的故事时，你的激情来源于过去的经历。这件事情的诀窍就在于，当人们谈论在自己生命中最有意义的事情的时候，他们会本能地抒发自己的激情。当你为自己，或者是为其他人讲述你未来的故事时，讲一个你过去亲身经历的故事是非常有帮助的，因为这会使你的故事听起来更加真实可靠。

有一个常见的问题，即“我对我的工作没有激情怎么办?”要回答这个问题，就要回顾我们的人生经历，重点关注那些最有意义的和最愉快的事情。如果这样做，我们就能得出一些富有成效的想法，进而去创造一个能使我们的天赋和激情都能够得以发挥的未来。

作为你生活中所有领域的领导者，为了继续前行，你必须经常反省过去。

你的核心价值观

正如每个组织都有自己独特的价值体系一样，每个人也都有自己的价值观。你的价值观——也就是你最珍视的，并愿意为之奋斗的东西——决定着你作为一位领导者的行动，以及你如何看待周围的世界。为了让你的行动与价值观始终保持一致——也就是力求真实——你首先必须知道你持有什么样的价值观。在下面这个练习中，你将要写出你的价值观。这项工作本身花不了多少时间，但是值得你用心去做。

你的核心价值观

找一张纸，写出对你而言最重要的价值观（列举5—9个）。对于你写出的每一个价值观，用一到两句话解释为什么对你而言它是重要的。为了激发你的思考，这里列出了一些价值观，它们摘自罗伯特·李（Robert Lee）和萨拉·金（Sara King）所写的《发现你的领导素质》（*Discovering the Leader in You*）一书。当然，你也可以列举出不在这份清单里的价值观。

成就：成就感，胜利感

进步：成长，资历，由于工作出色而获提拔

冒险：新的、挑战性的机会，刺激，风险

审美：欣赏事物、思想、环境的美

联系：与其他人的联系，承认你是某群体的一员，归属感

财富：高收入，经济实力雄厚，前景良好

职权：具有控制事务和他人的活动的职位和权力

自治：不受约束独立行事的能力，自立

挑战：持续面对复杂的、艰巨的任务和问题

改变和变化：背离常规，不可预测

合作：与其他人之间保持亲密的、合作的工作关系

共享：全力支持一个目标，而非个人欲望

能力：展现出精湛的技艺和广博的知识

竞争：争夺目标

勇气：信念坚定

创造力：发现、发展和设计新的想法或事情，展现想象力

不同的观点：看上去不对的，或者是一开始就不受欢迎的非同寻常的观点或看法

职责：尊重权威、规则和规章

经济安全：稳定的、可靠的就业，充足的收入，较低的风险

享乐：有趣，快乐，欢笑

家庭：与爱人、孩子、父母等家庭成员共度时光

友谊：与他人的个人关系密切

健康：身体和精神状况良好，保持活力

帮助：帮助人们实现他们的目标，关心和支持他们

幽默：笑对自己和人生的能力

影响力：对他人的态度和观点能够施加影响

内在和谐：幸福，满意，内心平和

公正：公平，做正当的事情

知识：对理解，技能和专长的追求，持续学习的能力

位置：选择适合自己理想生活的地方居住

爱情：一种亲密的、柔情的关系；亲密无间

忠诚：忠实，对于个人、传统以及组织的忠诚

秩序：稳定，遵守惯例，具有可预测性，清晰的权属关系，

个人发展：发挥最大的潜力

身体健康：通过体育锻炼和营养保健保持健康

认可：因工作出色而赢得积极的反馈和公众的信任，尊重和敬佩

责任：可靠，对结果负责任

自尊：自豪，自爱，自知之明

精神：强烈的精神或宗教信仰，品行端正

地位：因在知名团体或组织就职而备受人尊重值得信赖：被认为是可信赖的和真诚的

智慧：基于知识、经验和理解做出正确的判断

资料来源：Robert J. Lee and Sara N. King, *Discovering the Leader in You* (San Francisco：Jossey-Bass，2001)，60—61。经 John Wiley & Sons，Inc. 同意转载。

大部分的人并不会在全面领导力项目的课程上改变自己的价值观。事实上，核心价值观发自你的内心深处，他们通常会长期存在，并且很难改变。正如到目前为止在本章中你所做的所有工作那样，你刚刚写下的是一份独一无二的清单，属于你独有的特征、背景和经历。

我保证它与维克托的不一样。下面是维克托列举的他的核心价值观，以及入选理由。

真实——我对我所做的事情坚信不疑。如果不这样做，人们就会看出我缺乏激情，领导能力也就会变得毫无用处。

诚实和信任——诚实带来信任。如果没有信任，那么唯一有效的领导风格就是采取高压政策。相反，我认为信任他人也是很重要的，因为这样可以激励他们努力工作，并且做正确的

事情。

鼓励——最高效的领导者能够让人每天都想充分表现自我,尽全力工作。他们能够做到:让人一想到自己是谁,自己的工作就感觉特别好。他们能够激发出人们最大的潜力。

尊重和被尊重——尊重来自各行各业的其他人是很重要的,每一个人都有值得尊重的地方,重要的是发现这些地方。

勇气——有太多的领导者不愿意面对困难的问题,也就错过了创新的机会。勇气和敢于承担错误是必须拥有的精神。

家庭——工作是工作,但是家庭是你的生活。归根到底,我的妻子和孩子才是我最重要的。很显然,这并不是我每一天每一分钟都坚守的信条,但是在紧要关头,他们才是最重要的。

你与众不同的价值观将会在很大程度上决定你独特的领导风格。从这个意义上讲,很有必要思考如何让你每天所做的事情与你在此所说的重要事情保持一致,同时也想想可以做些什么来改善目前的处境。

暂停下来,思考一下

到目前为止,你已经完成了练习,这意味着你已经在构建你的领导能力、改善你的绩效水平、整合你生活的不同领域等方面迈出了重要的一步。你已经花费时间弄清了你研读此书的目的,描述了你生命中重要的事件以及它们对你的重要意义,描写了一些你所敬仰的人以及你从他们那里学习到了些什么,描绘了你对于未来的愿景,并识别出了你的核心价值观。

你已经熟悉了这些对你而言或许是新的术语，在本书接下来的内容中我将会频频用到它们，例如领导愿景。你或许已经跃跃欲试，开始想办法，力求通过付诸真实、完整和创造性的行动来提高你的领导能力。当这些想法滋生时，随时记下它们。一些人发现随时记录下“动意”很有好处，特别是当你正在设计你的全面领导力实验的时候。

你已经遇到了很多人，他们每个人都来自不同的地方，都已经经历了全面领导力之旅（在下面的章节中，你还会遇到这些人）。你或许想把这些人参加全面领导力之旅的经历整理出来，作为你学习的

暂停下来，思考一下什么对你是最重要的

在你将要结束第二章进入第三章之前，无论你是否停顿一下进行自省，还是就你的想法与教练进行沟通，或者是登录 www.totalleadership.org 记录下你的感受，有一些事情你必须记住。

重新回顾你对本章练习所做的反应。思考下列问题。如果可能的话，写下问题的答案，然后与你的教练进行交流。

1.你对刚刚读过的内容有什么感想？

2.将你生命中的关键事件和你的领导愿景讲给某人听。你从他的反馈中学到了什么？

3.你的过去和你的未来愿景之间的主要联系是什么？

4.为了对你而言真正重要的事情，你做了哪些改变？

教材。用你的想法和反应与他们做比较，你能够从他们的故事里学到很多东西。

如果你正在和你认识的某个人一起体验全面领导力项目——三人教练组或者两人小组——现在是将你所思所写讲给他们的好机会。比较理想的情形是，进行两次谈话。第一次，找一个双方都方便的时间，大约需要一小时，和你的教练一起回顾你在本章中完成的一些材料。然后，再找一个合适的时间，你作为教练，指导某个做了同样练习的人。附录 A 可以给你提供指导，教会你如何通过扮演教练和学员的角色从全面领导力项目中取得最多收获。

第三章

采纳“四方”的观点

既然你已经思考过了在你想要创造的那个世界中你的核心价值观和愿景，那么，接下来，我们准备更进一步地了解“付诸实际的行动”对你而言意味着什么。我们将研究你生活中的四个领域的相对重要性，看看你对这些领域都投入了多少关注，了解一下你在每一个领域所追寻的目标是否都与其他领域的目标相一致。另外，我们还要看看你对目前生活的每一个领域，以及你的整个生活是否感到满意。像克里一样，利姆·张（Lim Chang）也参与了全面领导力项目。

利姆身高5英尺，浑身上下洋溢着感染力。他那墨黑的头发与他珍珠一样洁白的牙齿形成鲜明的对照。每当他笑的时候，就会露出那口洁白的牙齿。利姆是橄榄球队里的拉拉队员，每当比赛的时候，他总是高声尖叫着为他的队友们打气。利姆的父亲是一个医生，母亲是个全职妈妈。利姆34岁，他有一个两岁的儿子，他的妻子再次怀孕。他在橘子郡(Orange County)办公,他和他的下属负责一家国有商业零售设计公司在美国西海岸(West Coast)的业务。虽然他每周工作55到60个小时,但是他坚持一点,即绝不在周末加班。

利姆喜欢跑马拉松,虽然我第一次见到他的时候,他发现想要保持自己的运动养生之道非常困难。促使他来参加我的全面领导力课程的原因却与他人不同。他发现自己很难在生活的各个领域间实现他最初所说的"平衡"。在他完成全面领导力项目大约两年以后,他对自己在该项目中的早期努力作出如下回顾:

> "弄清最重要的事情是什么"的第一步是填写一个表格,来看看自己生活中各个领域的重要程度,以及自己对于这些领域的投入程度。很明显,我的投入不成比例,正在把大量的时间和精力投向了我的工作,我没有花足够的时间来关注我的心智、身体和精神状态。
>
> 但是,当我对生活中的四个领域各自画一个圆圈的时候——它们代表了我对这四个领域的关注程度,我发现这不仅仅是一个如何利用自己时间的问题。我问自己,这些圆圈是像大树的年轮那样环环相套呢,还是像随机散落在地上的泥坑那样彼此间毫无联系呢?我是我真正想要成为的那个人么?答案是否定的。这使我感到很不舒服。
>
> 我对我生活的不同方面的幸福程度进行自我评价,结果让我感到很吃惊。在每一个领域里,我的答案都与我在表格里所填写的内容不一致。通过评估每一个领域的重要性以及我投入其中时间和精力,还有几个领域之间的妥协互让,我能够更加客

观地评价我对整体生活的满意程度。结果表明,我对自己的工作和家庭的满意程度要超过对于社区和个人的满意程度——这与我的直觉完全不符。

我开始扪心自问……我该如何做才能让自己更关注那些对我而言真正重要的事情——或者减少对于那些不是那么重要的领域的关注?在我正在为工作和家庭所做的付出中,有哪些是让我觉得做得不错的?我在工作和家庭中的表现与我的核心价值观是否一致?在同事和家人给我的建议中哪些对我的帮助最大?如果我能回答这些问题,我或许会发现新的行为方法,即运用我在工作和家庭中让我产生满意感的方法来改进我个人和在社区的表现。

就像利姆所做的,在本章中,你将会学习到如何采纳“四方”(four-way)的观点。通过紧密地关注生活中的四个领域——工作、家庭、社区和个人——你将会弄清对你而言最重要的事情是什么,你将会从一个全新的视角来看待你的生活。通过对人进行全方位的重新认识,你将开始探索“真诚行动”对你而言意味着什么。

在本章中,你要做的练习将会帮助你弄清你活得是否真实:你是否把精力投入到你最关心的事情上?你的行为方式是否与你内心的追求相一致?你是否正在朝你的目标努力?这个目标不仅关乎你的幸福,而且关系到你全部生活的各个方面。

定义你的领域

一开始，你需要对你生活中的四个领域分别进行定义。这是一个主观过程，因此你必须以对你有意义的方式来对这些领域作出定义。对大部分人而言，工作领域是你的工作：是你谋生的手段，或者，如果你正待业，你的下一个工作目标是什么。如果你还在上学，无论你是否有一份工作，那么学校就是你的工作领域的一部分。为了更好地把握你工作领域所包括的内容，考虑一下你在卧室、办公室，甚至任何工作地点所做的事情，把它们都纳入你的工作范围。这或许会包括上课、旅行、发现商业机会等。

然后是家庭领域。这也是一个主观判断的过程。这个领域包括和你生活在一起的人（或动物），你的原生家庭（父母、兄弟姐妹等），或者你的新生家庭（配偶、其他重要的人、孩子等）。

同样，你的社区领域可以扩展到包括朋友、邻居、社会团体、宗教组织、慈善活动、政治委员会、非盈利性组织，以及其他任何对你的工作和家庭有重要影响的事物。

最后是个人领域。这个领域包括你的情感状态、智力水平、身体状况、娱乐休闲，以及精神生活等。

“四方”注意力表

在对你的生活领域作出定义以后，你所要做的工作就是根据这些领域对你的相对重要性，看看你对它们各自投入了多大程度的关注。根据你的实际情况，填写“四方”注意力表。从这个表中，可以看出你是如何分配自己的时间和精力的——你对生活中不同的人和事的关注程度——因此,这个表有助于评价你是否真的在做自己所关心的事情。

然而,这个表并没有说明你是否在某一个领域内所采取的行动或目标——如何以及为什么——与其他领域内的行动或目标保持一致。我们将会在后面的章节中探讨这个问题。"四方"注意力表中的这两个评估能够帮助你看清是否你在生活的各个领域内都保持着真实性。填写这个表格是你继续前进的关键一步,因为在这个过程中,你可以借机对你将要采取的实验——其目的在于改进你在生活中各个领域间的满意度和绩效——进行积极思考。

"四方"注意力表

要想"力求真实",一个有效的方法就是,通过理解你生活中各个领域间的联系,找到你每天真正关注的事情。通过下面这个表,你可以看出对你而言真正重要的事情是什么。在第一列中,你要考虑的是在每天的生活中,这几个关键领域之间的相对重要性。为每一个领域设定一个百分比,确保它们的总和是100%。例如,如果你认为工作/职业/学校的重要性与其他三个领域加在一起的重要性一样高,那么你就在工作/职业/学校的重要性这一栏填写50%。再举个例子,如果你认为这四个领域同样重要,那么你就在第一列的每一栏中填上25%。

在第二列中,你要考虑,在具有代表性的某一周内,你分别在生活的四个领域内投入了多大比例的时间和精力。为每一栏填写一个百分比。同样，确保所有的数字之和为100%。

领域	重要性	投入的时间和精力
工作/职业/学校	%	%
家庭/家人	%	%
社区/社会	%	%
个人：思想，身体，精神	%	%
	100%	100%

填完这个表以后，请写出下列问题的答案：

1.就你目前将时间和精力分配在工作、家庭、社区和个人的情况看，你感觉怎么样？

2.当你看到这8个数字的时候，你愿意——要么是在重要性上，要么是在时间和精力的投入程度上——改变其中的任何一个数字么？

这些数字上的调整将会给你的生活带来怎样的变化？

记住，当你做这个练习的时候，你的主观判断是最非常重要的。例如，你参与社区和公共事务，这是你自己决定要做的事情，而不是其他人想要你这样做。因此，这类活动或许包括诸如向慈善组织捐钱，帮助你的朋友，帮邻居大扫除，或者是参加一个有组织的“让世界更加美好”的运动等。记住，这个表仅仅表明你现在如何看问题。当你完成了全面领导力项目，再次填写这个表的时候，你所填写的数字与现在相比可能是不同的，大部分参与领导力课程的人都是这样的。当你继续研读本书——当你了解到更多关于如何展示真实、完整和创造性的时候——工作、家庭、社区和个人之间的关系将会发生改变。

维克托的“四方”注意力表

维克托在评价自己生活中的四个主要领域的重要性时，在第一列中，他分别给出了35%、35%、10%、20%几个百分比。那时他刚刚参加全面领导力项目，维克托的工作领域包括担任一家大银行的IT经理，同时还是一个全职的高级管理人员MBA培训班的学员，该培训班每隔一周上一次课，夏天间隔时间可能还要长。他注意到自己给工作领域的打分与给家庭领域的打分是相同的，他的家人包括他的妻子、两个孩子，还有双方父母。他的社区领域，包括几个朋友。在这四个领域中，他认为社区领域对他而言重要性最低。最后，他认为个人的重要性要低于工作和家庭，但是要高于社区。

接着，维克托填写了该表的第二列，他分别填写了65%、20%、5%、10%几个百分比。第二栏是要说明在较有代表性的某一周内，某人对四个领域各自投入了多大比例的时间和精力。正如很多做这个练习的人一样，维克托的第一列和第二列数字之间出现了明显的不匹配，相比较其他领域，他把太多的时间投向了工作。当然，每一个人填的表都是独一无二的。但是，最常发生的事情就是，随着全面领导力课程的全面推进，“四方”注意力表里的两列数字逐渐趋向匹配。维克托是这样评价他的“四方”注意力表的：

我真正关心的事情与我所投入的时间之间并不是很一致。

尤其是，我非常关心我的家人，但是我却无法投入更多的时间，这一点十分困扰我。为此，我努力花时间改善这个情况，有时候我会在一天的末了把孩子带到我的学校来，以此达到我们在一起的目的，有时候我会力争在孩子入睡前早点回家，但是在那时我们之间的关系处得并不怎么好，这或许是因为我太专注于工作和学校了。我的妻子开始抱怨，称自己为“单亲妈妈”。

目前，我并没有更多地关心我的社区领域。我尽量与朋友们保持联系，参加志愿者服务，还会做一些慈善捐助活动。我就做了这些。至于个人领域，我目前可能处于最差的身体状态和精神状态。但是，我感觉我现在还顾不上这些。

我想要做好每一件事情，但却很少成功。我急需找到一些方法来让我生活的各个领域之间互相产生积极的影响。否则，我不知道要怎样做才能防止我在某领域内产生的不满情绪影响到其他领域。

通过这个练习，维克托认识到了自己的一些问题，这是非常重要的一步。通过“四方”注意力表反映出来的问题，维克托开始思考一些新的问题，即他应该从哪些方面入手来寻找一些能够产生建设性改变的机会。通过这些机会，他希望自己的工作和生活协调发展。例如，对他而言，是否有一种既能够减少他妻子“单亲妈妈”的感受，同时又能够最大限度地激发他工作热情的方法？是否有可能在改善他的身体健康情况的同时，也为他的雇主、家人和社区带来好处？

这些问题促使他开始思考一些改变的方法。但是，要弄清他当前的生活和他真正想要的状况之间的差距，还有很多的工作要做。

你的四个圆圈图

一旦你已经完成了你的“四方”注意力表，你就可以着手画一张涵盖这四个领域的图，这张图有助于你认识这样一个问题，即它们之间是否是和谐的。注意力表将帮助你更加客观公正地分配你的时间和精力。要“画出四个圆圈图”，就需要你思考一个全新的问题：无论你身处何方，你总是能够表现如一么？

在这里，我们所面对的不是你正在向你生活的各个不同领域投入多少时间和精力的问题，而是你在某一个领域内的利益如何与其他领域内的利益发生联系的问题。你能够保证无论你身处何方，总是能够做你想成为的人么？

我们将使用另一个分析工具——四个圆圈图——来帮助你更进一步地了解，在生活中你所扮演的各个不同角色中，哪一个对你而言是最重要的？它们如何相互影响？为了实现各个领域之间的和谐，你有哪些工作可以做？

你的四个圆圈图
你生活中的四个领域之间是和谐共存呢，还是充满冲突？在你画圆圈之前，你需要先做两个选择。 ● 考虑圆圈的大小。也就是说，你所要做的第一个选择就是决定圆圈的大小。圆圈的大小根据你在“四方”注意力表的第一列中所列数字的大小来确定。例如，如果“工作”是30%，“家

庭”是40%，那么，“家庭”的圆圈就应该要比“工作”的圆圈大出约1/3。这表示，工作不如家庭重要。

● 考虑圆圈的相对位置。第二个选择是要考虑每一个圆圈相对于其他圆圈的位置：它们是重合的，还是分开的？应当如何摆放四个圆圈？它们之间的重合程度如何？在这里，圆圈之间的重合程度代表了各个领域之间和谐的程度。如果两个圆圈完全重合，则代表着你在某两个领域内所追求的目标和实现目标的方式都完全匹配。如果两个圆圈完全分离，则代表着你在某两个领域内所追求的目标和实现目标的方式都完全不匹配。

现在，你可以开始画你的圆圈了。找一张纸，或者新建一个电子文档，或者登录 www.totalleadership.org，画出你的四个圆圈，每一个圆圈代表你生活的四个领域中的一个：工作、家庭、社区和个人。在每一个圆圈里面或者旁边，写下它所代表的领域。

开始写下你的想法。进行“力求真实”的思考的一个方法是设想你将不得不过一种让图中四个圆圈完全重合的生活。记住，很少有人能够过这样一种生活，这是一个我们想象的理想状态。在追求一种让你的四个圆圈之间有更大程度的重合的生活，或者力图减少你生活中各个领域之间冲突的时候，你有哪些想法？

想象一下完美的树木年轮

当然，四个领域完全重合的现象是非常少见的。我们很难想象在真实的生活中，在各个领域里，你所寻求的目标和为实现目标所采取的手段都完全一致。最好的例子或许是那些伟大的宗教领袖，例如如来佛祖(Buddha)、耶稣基督(Christ)、穆罕默德(Mohammed)、摩西(Moses)等。在这些人物的生活中，他们个人追求的目标与他们在工作、家庭和社会领域中所追求的目标是完全一致的。

但是，你是人，不是神，所以当你的四个圆圈不能完全重合时，完全不必担心。事实上，如果你画出来的四个圆圈就像一棵大树的年轮时，也就是说你画出来的四个圆圈围绕着一个中心点展开的时候，请马上把这本书退给我，并联系我，我要安排和你见个面！同样，你所画出的所有圆圈彼此之间都不相交的现象也不常见。在现实世界中，你的生活中的各个领域之间的冲突总是不可避免的。

找出我们生活中存在的和谐或者不和谐的领域是很有用处的，因为这将帮助你看到你已经在生活中取得的和谐，因此也就可以帮助你扩展这种和谐。你会这样问："如果我能够在这一方面实现和谐，为什么就不能在其他方面也实现和谐呢？"

这张图能够帮助你思考你生活中不同领域之间的相互关系。年轮状的圆圈结构是你为之奋斗的理想状态，如果拿理想状态与你当前所画的图进行对照比较，你就会迸发出新的想法，采取新的行动，让自己活得更加真实。换句话说，这四个圆圈之间的联系越紧密，你就越有可能做你真正想要成为的人，无论你当时身处何地，扮演什么样的角色。

从你的四个圆圈图中学习

前面，我们已经了解到维克托在看到自己的"四方"注意力表时的反应。现在，让我们再来看看他是如何画他的四个圆圈的，见图3-1：

图 3－1

维克托的四个圆圈图

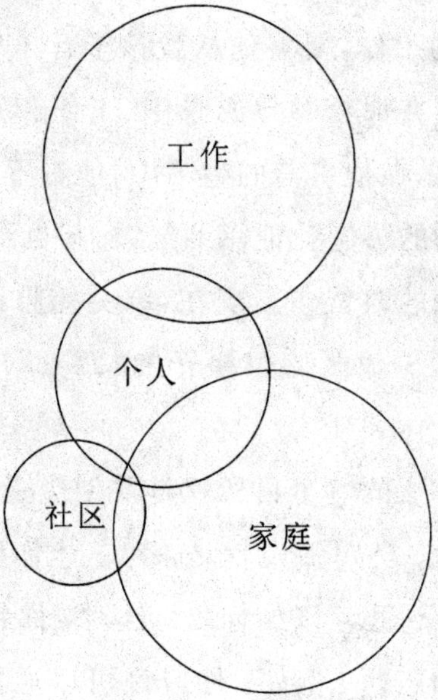

这个图揭示了一个令人痛苦的事实，即在维克托的工作和家庭领域之间没有任何重合之处。

工作独立无助地占据一方。只有个人领域与它有一点重合，那是因为我会从工作成功中获得一些满足感。但是，仅此而已。我发现这十分令人沮丧！在个人和家庭领域之间也没有多少重合的地方。我真的要为此做一些事情了。

当维克托分析他画的这张四个圆圈图时，他意识到，他在工作中所扮演的角色——作为一家投资银行的IT经理所追求的目标和利益——与他想要在家庭里扮演的父亲和丈夫的角色是完全不同的。你在第二章中已经了解到，在维克托的领导愿景里，他写道，他要让他的孩子参与他的工作，要将他从教孩子音乐中获得的技能应用到他的管理工作中。在那个领导愿景中，工作和家庭领域之间是有一些重合部分的，但是在他目前的生活中，他看不到两者之间有任何联系。维克托了解到的事实让他感到气馁，却也给他敲响了警钟，是到了要做出某些改变的时候了。现在，维克托已经清楚对他而言最重要的事情是什么了。他开始以崭新的“四方”视角来看待自己的生活了。

全面领导力方法的一个目标就是要创造能让你生活中的四个领域更加和谐的变化。换句话说就是，为了让你生活中的四个圆圈尽量重合，你将不得不思考该如何做，这时，你将能够从你的四个圆圈图中学习到新的东西。例如，你或许可以通过重新审视你的工作来开始这一体验。你是否会为了要给家人留出更多的时间而选择完全改变自己的职业生涯呢？或者，换句话说，你是否会因为考虑到你的家庭、你的社会角色，以及你的思想、身体和精神状况而改变你对目前工作的看法？另外一个实现改变的方法是追问自己工作的目的是什么：是为了挣钱养活你的爱人和你所保护的人；还是为了生活中的物质享受；或者是为了实现自我，赢得尊重？在确定了工作目的以后，你需要搞清这种感觉如何影响你的朋友和家人看你的方式？更进一步讲，你将不得不做出哪些改变来培养这种感觉，并让它成为你每天工作体验的一部分？对于你正在通过努力实现的目标而言，你是否需要采取不同的行为方式，或者你是否需要转换你的思维方式？

现在，让我们来思考一下关于我们的家庭和家人的问题。为了让你的家庭领域与其他领域和谐相处，你将不得不做出什么样的改变？例如，让我们假设你是一个即将从大学毕业的学生。你是不是要改变你目前对父母的依赖状态？如果是这样的话，你要如何做才能对你们都有好处？或者，我们再举个例子，你目前正在和一个与你有着不同的价值观，而且不支持你目前所扮演的社会角色的人保持某种联系。你应该结束这种关系么？或许，你是否可以采取一种不是那么激烈的方式，即通过你在生活中其他方面的表现，来改变她对你的看法，进而让她变得更加支持你呢？

在看着你的四个圆圈图时，思考这些问题，你就会产生一些想法，然后你或许会采取一些行动，来减少你生活中各个领域之间的冲突，让它们变得更加和谐。

罗克珊所画的四个圆圈图（见图 3－2）与维克托所画的就很不同。

即使在罗克珊的个人和工作领域之间没有任何重合——换句话说，她的职业生活与她在个人领域想要改善思想、身体和精神状态的愿望完全不一致——但是，在其他方面却有很多重合。例如，作为一位母亲和商业人士，她感到自己正在通过抚养孩子和销售保健品为社会做贡献。

在研究自己的四个圆圈图的时候，罗克珊开始想，为了能让这四个圆圈更好地重合，她能够做些什么呢？

我倾向于周末在家工作，尽管有些尴尬，但我必须承认，这主要是因为我找不到，既对我们大家都有好处、又有意思而且还能和我的家人一起来做的事情。我想，我一直被这样一个信念支撑着，即我在工作上的所有投入都是为了我以后能够自由地支配时间去做——永远都是以后——我们认为更重要的事情。

或许我现在就能找一些事情和我的家人一起来做——例如打高尔夫球、网球、游泳——这些也都是我一直想做的事情。或许，我可以做一些家庭活动计划，也算我为社区做了一点贡献。而且，我也可以参加社区内的一些活动，比如社区联合劝募会工作。

图 3-2

罗克珊的四个圆圈图

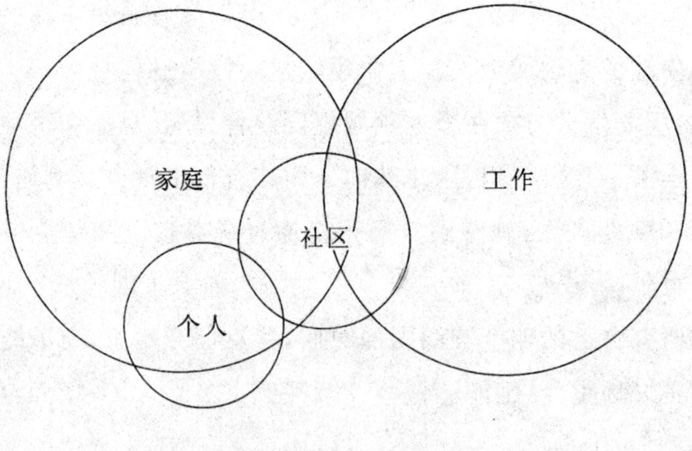

同罗克珊一样，你所画的四个圆圈图能够成为你有用的工具，它能够激发你思考这样一个问题，即你要如何做才能在你生活的各个领域内更好地实现和谐。但是，在现实生活中，我们在这四个领域中的表现并不总是那么好。

领域满意度：对你在四个领域内的幸福度进行评级

现在，我们来看看你是否对生活的每个领域及整个生活都感到满意。换句话说，你对你的生活现状是否感到满意？

领域满意度

——对你在四个领域内的幸福度进行评级

这个表反映了你目前对于你生活的各个领域，以及生活整体的满意程度。在下面的空格中填写相应的数字，填写数字的范围是1—10，1代表非常不满意，10代表非常满意。

领域	满意度
工作/职业/学校	
家庭/家人	
社区/社会	
个人：思想，身体，精神	
整体生活	

仅仅是时间问题？

那么，你生活中四个领域之间的关系是如何影响到你的满意程度的？当然，你怎样利用你的时间的确很重要。但是，事实证明，尽管这看上去或许令人吃惊，管理你的时间并不是影响你满意程度主要的因素。在《工作和家庭：盟友还是对手》(Work and Family: Allies and Enemies?)一书中，我和杰夫·格林豪斯(Jeff Greenhaus)从事了一项研究，结果发现，虽然在工作/家庭冲突研究文献中经常被提到的"时间约束"问题毫无疑问是真实存在的，但是同样还存在更加微妙的和更有说服力的因素减少了我们在生活的不同领域里的满意度，即各个领域之间的心理干预[①]。所谓心理干预是指你的思想游弋到你的身体之外的情形。我们都会碰到这种情况。可能有很多次，当你的眼睛停留在书的某一页面的时候，你的思绪已经游移于书本之外。你无法集中注意力。同样，有的时候，你会心不在焉——这影响了你的关注力。

如果你减少心理干预，那么当事情发生时，你就会增加关注重要事情的能力，你就能够将破坏性冲突降到最低，例如存在于工作和家庭之间的冲突。本书的一个重要前提就是你需要使用领导技能来管理你生活的不同领域之间的边界——不仅包括时空的物理边界，而且还包括关注度和注意力的心理边界——整合它们，实现共赢。

通过展示真实的一面来"力求真实"是非常必要的第一步。你必须评估两者之间的关系，即对你而言最重要的事情和你在其中投入时间的多少。但是，你也必须理解你所画的四个圆圈对你的意义。安德烈，这个有两个小孩的已婚男人、一家全球性软件开发企业的经理，认为他从分析四个领域之间的关系中学习到了下面的东西：

当我第一次画四个圆圈图的时候，我认识到我一直把我生活中的各个领域看作是分开的，就像一个馅饼的切块一样，而不是把它们看作是能够重合在一起的圆圈。换句话说，我正在把我的生活——和它的不同部分——看作是一个“零和”游戏，即一个领域内的所得必须以另一个领域内的付出为代价。为什么这样说呢？因为每当我采取措施让某一个领域变得更好的时候，总是意味着这会减少我在另外一个领域的满意度。

我相信这就是我很难在每一个领域都表现得尽心尽力的原因。我经常感到自己在疲于奔命。每当我想要优先考虑某事的时候，我总是不能如愿，最终我只能做人们期望我做的事情。这使我感到非常不满。

通过四个圆圈图的帮助，我意识到我不得不改变思维方式，我必须找到新的方法来整合我生活的不同领域。它们应该重合，它们需要重合。它们不是一张被切开的馅饼中的几块。

你有可能拥有一张完整的馅饼，并把它吃掉么？从我已经看到的情况来讲，这是有可能的，虽然大部分人不会相信。你来到这里，意味着你正在采取措施以确保你在生活的各个领域内所追求的目标是相互促进的，并且它们与你的核心价值观和抱负是一致的。这意味着你需要改变你利用时间的方式么？有可能，它或许还意味着你必须思考你用你所花费的时间都做了哪些事情。

“弄清最重要的事情是什么”会增强你的真实感，有助于你成为你真正想要成为的人。你能够为自己创造一种生活,这种生活可以由你自己掌控,使你不必总是用一个领域的成功和满足去换取另一个领域的成功和满足。

弄清了对你而言最重要的事情是什么,你就变成了一个更加务实的领导,你的价值观和你的行动是一致的。当你进行真实的领导的时候,你就很容易从你生活中对你而言最重要的人那里得到支持。本书不是一本要力求在工作和生活之间取得平衡的书。本书的目的是要帮助你识别你的核心价值观——对你而言最重要的事情是什么——并让它们贯彻于你每天的工作、家庭、社区和个人活动中。

洞悉了你的内心世界,下一步,我将带领你看看外面的世界。

暂停下来,思考一下你的"四方"观点

在你总结第三章的内容,进入第四章之前,有一些事情你必须记住。重新回顾你对本章练习的反应。思考下列问题。如果有可能的话,把这些问题的答案写下来,然后与你的教练进行交流。

1.你对刚刚读过的内容有什么感想?

2.在你生活的四个领域中,哪两个领域之间的联系最不紧密?

3.为了把你生活中的四个领域整合为一个和谐的整体,你需要做出哪些改变?

4.这些改变将会如何影响你的幸福程度?

第二部分

保 持 完 整

——付诸全面的行动

第四章

以人为本

保持完整就是让生活的各个领域以一种有意义的、有凝聚力的方式整合在一起。虽然 integrity 一词通常被用来指真诚和诚实，但是在本书中，则指在一个设计良好的结构或系统中的内在力量，正如说“弗兰克·劳埃德·赖特(Frank Lloyd Wright)的落水山庄有很大的内动力”一样。完整与优雅是天生的一对。高效的领导者通过认识和尊重生活的各个方面，促使它们互相促进，和谐相处。如果你也想做到这一点，首先要弄清在你生活的各个领域里最重要的人是谁，说出你期望从他们那里得到什么，他们又期望从你这里得到什么，然后看看这些期望是如何形成一个让你发挥影响的、相互作用的关系链条。做完这一切之后，你的行为将会与你最看重的事情更加一致。

维克托就是这样做的。在他的妻子、两个孩子，以及他在纽约投资银行的同事之间，维克托要对很多不同的人负责。当被问及如何才能成功处理生活中最重要的关系时，他说：

> “我直系亲属中的每一个人都想从我这里得到同样的东西：爱、陪伴和支持。我希望我自己能够感到很放松，始终保持旺盛的精力，并且对于我利用时间的方式感到满意。
>
> 在工作上，人们希望我能够创造真正的价值。但是，同事们也想与我保持积极的互动。事实上，在我生活的不同领域中，人们都觉得我是一个比较容易相处的人。
>
> 我逐渐开始明白，我在生活其他领域里的表现与我的个人状态之间保持着紧密的联系。我是否与他人保持积极的互动与我是否感到放松和感觉良好有直接的关系。如果我感到很放松，充满活力，我怎么会在工作中没有良好的表现呢？我怎么会不真正地关注我的家庭呢？这就是问题的所在。”

在寻找对他而言最重要的人的时候，维克托开始探索自己与利益相关者相处的模式和共同关注的主题，同时寻找生活中各个领域之间存在的和谐和冲突。在全面领导力项目的第二部分，你将从外部来看事情，来盘点你的各种关系——我称之为“主要利益相关者”，这些人对你而言是真正重要的。我们将拓展和深化“绩效期望”的概念，目的是看看它是如何被应用在你所有的主要利益相关者的身上，而不仅仅是被应用到你的老板身上。你将不仅会问他们希望从你这里得到什么和你希望从他们那里得到什么，而且会问目前这些期望被满足的程度如何。最后，你将会用一个全新的视角来看待沟通媒介在其中所扮演的角色，你是通过它与这些主要利益相关者保持联系的。

由于你在前面各章中已经学习到了不少的东西，因此一旦你完成了对你的主要利益相关者的评估之后，你将会处于比较有利的位置来考虑你需要做哪些事情以使你的利益与他们的利益保持一致；为了相互的利益，你需要怎样做才能进一步加深你与他们之间的联系。这样做的目的是加强这些关系，改变你对周围人的看法。对于许多已经参加过全面领导力项目的人而言，这意味着从对其他人向他们提出的要求感到不满，被迫疲于奔命，转变为感到自己得到了亲密伙伴的支持，能够对生活中的挑战作出更加自信的回应。

评估你的主要利益相关者希望从你这里得到什么，你希望从他那里得到什么，以及你如何与他们保持联系，这些工作需要花费一定的时间，但这是全面领导力过程的重要一步。如果你真正了解清楚了对你而言最重要的事情是什么，最重要的人是谁的话，你将会抓住更多有意义的机会，以全新的方式来整合你生活的各个领域。

识别主要利益相关者

主要利益相关者是那些与你的未来有利害关系的人。在工作、家庭以及社区中，都有主要利益相关者存在。在你的第四个领域中——也就是你的思想、身体和精神——你是自己的主要利益相关者，这是所有主要利益相关者中最复杂的一个！

利益相关者可能是你的老板或者是你的孩子，还有可能是你的配偶、室友，或者伙伴。他还有可能是你学校中的一个同学，或者是单位中的一个同事。你的利益相关者也可能是你所在的宗教团体的领袖，运动俱乐部的成员，或者是朋友和邻居。你或许也可以把更大的社团和某个环境作为你生活中的利益相关者。总之,你的利益相关者可以是任何人,可以在任何地方——可以存在于你认为重要的任何地方。

识别你的主要利益相关者就是选择对你而言最重要的人。考虑在你生活的每一个领域中对你有重要影响的人。考虑你与这个人或群体的关系怎么样。这个关系对于你所坚信的东西和你正在努力实现的东西有什么影响?

在识别主要利益相关者方面,没有一成不变的准则。它取决于你,只有你才能识别出他们来。准备更换你的名单。当你弄清楚了

谁是最重要的?

在这个练习中,你需要写出在你生活的每一个领域中——工作中、家庭中、社区中——的四到五个主要利益相关者的名字。

通过思考下面的问题来识别你的主要利益相关者:

- 在每一个领域中,谁是最重要的人、团体或其他实体(例如动物、环境)?
- 在每一个领域中,你与谁保持着最频繁的接触?
- 对你的生活有最大的影响力的人是谁?你对谁的生活产生了很大的影响?

一旦你想好了,就写下这些人或者团体的名字,除了个人领域之外,在其他三个领域中每一个领域写出一个名字。用一句或者两句话简单说出你选择他们的理由。

你对他们的期望，以及他们对你的期望以后，很常见的一个现象是，你会发现你认为是或者应该是你的主要利益相关者的人实际上并不是。做下面的分析能够帮助你识别人们在你的生活中所扮演的角色是否是必不可少的。它能够解放你，例如，告诉你哪些人不再是你的主要利益相关者。这并不意味着你不关心他们。这仅仅意味着你们之间现在的关系不同于以前。例如，大学生经常会发现他们与父母的关系进入了一个新的阶段。同样，以前的同事或许会变成社会上的朋友，而不再是工作中的朋友。

维克托的利益相关者

当维克托考虑谁是他在工作中的主要利益相关者的时候，他写出了直接分管他的副总裁的名字，一个与他同级别的同事的名字，他所领导的团队的名字，以及他在高级经理 MBA 培训班上的同学的名字。在家庭领域中，他写下了他的妻子、儿子和女儿，以及父母的名字。最后，在社区领域中，他写下了他的朋友、他邻近的社区中心，和他所参与的一个志愿辅导活动。我们可以称他们为维克托的核心圈子里的人——至少当时他认为他们是最重要的。

简单罗列出核心圈里的人仅仅是个开始。在后面的全面领导力项目中，你将要设计实验来实现“四赢”。在这种状态下，你生活的所有领域里的人都将从你作出的改变中获益。为了有效地实现这一目标，你必须知道在那些对你而言重要的人看来，“赢”意味着什么。然后，你必须开始考虑在你生活的不同领域中哪些人是最重要的，看看你现在和将来能为他们做些什么，从而帮助他们完成他们最关心的事情。

你的主要利益相关者对你有何期望

与那些你需要得到他们支持的人建立有意义的联系是领导能力必不可少的组成部分。即使有可能这样做的话，让其他人帮助你完成重要的事情也是很困难的，除非他们信任你，并相信你努力的目标。想想在第二章中被你看作是英雄的人。我敢打赌，他一定被周围人看作是一个值得信任的人，而他的可信性至少部分是基于他能够从他人的视角看问题的能力。如果你这样做了，你就会帮助他们明白你正在努力实现的目标，让他们明白应该如何帮你，为什么要帮助你。

一旦已经识别出了你的主要利益相关者，你下一步就要考虑他们对你的期望。想想他们如何看待你和他们之间的关系。他们真正需要从你这里得到什么？你认为从他们的视角出发，什么样的表现才能够被称为好的表现呢？

利益相关者对你的期望

现在来完成下面这个利益相关者期望表。首先，在适当位置写下每一个利益相关者的名字。

然后，把你放在你的利益相关者的角度来考虑问题，一次一个人。考虑每一个人对于这个问题将会作出怎样的反应：你想从我这里得到什么？尽可能具体地描述一下他/她所期望的行为。在每一个空格内写下你的反应。

利益相关者期望表：1

工作	家庭	社区	个人
☐	☐	☐	☐ 精神
☐	☐	☐	☐ 娱乐
☐	☐	☐	☐ 身体健康
☐	☐	☐	☐ 情感健康

最后一列体现的是个人领域的不同方面。在每一个空格内写下你对自己在精神、娱乐、身体和情感健康方面会有什么样的期望。同样，尽可能具体一点。

最后，在每一个利益相关者的空格右上角，写下你认为他们对你的期望的满意度，用“1”到“10”的数字来表示程度的大小。“10”表示你认为一直都能够完全满足他们对你的期望；“5”表示有时能够满足；“1”表示从来没有满足过。

在你的利益相关者期望表的第一部分完成以后，你现在有机会思考几个你以前或许从来没有考虑过的重要问题。现在花费一些时间来做这件事情，并简单地写下这些问题的答案：

● 什么是我的利益相关者真正想从我这里得到的，除了我的时间，我的关注，还有其他的吗？

● 某一个领域内的利益相关者对我的期望方式与另外一个领域的期望方式相容么？它们会以某种形式融合在一起么？

● 它们的冲突在哪儿？

● 这些期望符合我的价值观么？这些期望与我在未来想要实现的目标一致么？

● 作为我回答这些问题的结果，我会在行动上做出哪些调整？

维克托认为他的利益相关者对他有何期望？

通过分析，维克托弄清了每个利益相关者或者利益相关者集团对他的期望，并对他所写的内容进行了思考：

他们对我的期望比我想象的要一致。在家庭方面，我的家庭成员们对我几乎有着一样的期望（例如“在眼前”、“在身边”、“紧密联系”）。同样，在我的工作中，人们都希望与我保持密切的互动。在家庭和工作中的积极表现也与我自己想要寻求放松、集中精力、自我感觉良好的需要相一致。

然而，事情并不总是这样的，有些事情看上去只能够通过妥协的方式来解决。我要尽力投身于工作中，同时要努力完成一篇学业论文，还要在家里去关心妻子和孩子。将所有这些同时兼顾是很难的，当然更不要说还要考虑我自己的需要了。

当然，时间很重要。哎，时间有限啊！但是想想维克多所做的事情，他或许正在努力寻求一些新的方法来利用他的时间，这或许会帮助他产生一个“四赢”的结果。他能做些什么来降低各个方面的平衡难度，并力求在生活的所有方面都得到改善？当你观察你的利益相关者期望表的时候，你或许也与维克托一样，把缺少时间看作是自己维系生活中最重要的关系的羁绊。但是，正如我们将要看到的那样，你现在再回过头来看这张图，要比我们第一次看到它的时候，体会到更多的东西。当你继续进行接下来的步骤时，你将逐步认识到怎样以及为什么你能够更好地利用时间。

你对他们有何期望？

现在，让我们来看下面这个表格。弄清楚你的利益相关者对你的期望，以及你满足这些期望的程度之后，有必要描述一下你为了实

利益相关者期望表：2

工作	家庭	社区

现自己的目标、整合你生活中的四个领域需要他们为你提供哪些支持。

你对利益相关者的期望
首先，在下面的这个表中写出你的主要利益相关者的名字。然后，写出对他们每个人的主要期望。尽可能具体地描述一下你期望他们有什么样的实际行动。在每一个空格内写下你的反应。 与前面一样，在每一个利益相关者的空格的右上角，写下你认为每一个利益相关者满足你对他期望的程度，用“1”到“10”的数字来表示程度的大小。“10”表示这个利益相关者一直都能够完全满足你对他的期望；“5”表示有时能够满足；“1”表示从来没有满足。 在你的利益相关者期望表的第二部分完成以后，用几分钟简单地写出下面这些问题的答案： ● 总之，你对主要利益相关者真正的期望是什么？ ● 你对他们的期望与他们对你的期望，这两者之间的兼容程度如何？ ● 你对他们的期望与你在本书前面所写的对你而言真正重要的事情是一致的么？

维克托对他的利益相关者的期望

维克托也填写了这个表格，他写出了对于利益相关者的期望，并对这些期望得到满足的程度进行了评估。然后，维克托回答了表格中提出的几个问题，开始寻找他与利益相关者交往的模式。

一条常见的线索贯穿于我对我的主要利益相关者的期望之中。我非常辛苦地工作，我希望自己的工作成果能够得到赏识。或者，如果这些工作不被重视，我需要去发现努力方向。在我的家庭生活中也是这样。我感到，我实际上做了不少的家务劳动、儿童看护等事情。我需要得到认可。

这些期望在很大程度上与我的利益相关者对我的期望是一致的。在工作中实现被期望的成就，然后期望得到相应的奖赏，看上去这是件很自然的事情。同样，我期望我的手下能够做出他们应有的贡献，然后他们需要得到应得的尊重；他们希望自己的职业生涯正在不断向前发展。在家里，我的妻子对我的期望与我对她的期望并不一致。我的妻子希望我能够帮她分担家务，抚养孩子；而我希望妻子为我提供足够的支持，尤其是当我在高级经理人 MBA 课程的最后几个月的时候，我想要在工作中取得进步的时候。

我非常高兴地发现我的期望与我的未来抱负非常一致。尊重是我的核心价值观之一，它是我和我的利益相关者们共同的主题。保持支持是贯穿双向期望的主题。在我对领导愿景进行描述的初稿中，我并没有提及这一点，但是现在，我认识到了它在工作、家庭和社区中是多么重要。

维克托开始以一种新的方式看到，生活中的各个领域实际上在以一种有机的方式结合成一个互相作用的整体。同样，刚刚做的练习能够帮助你理解整个儿生活的各个领域，了解这些领域之间的相互依存关系。

将生活看作一个系统

全面领导力课程带给你的最重要的变化就是它能够帮助你实现你生活中各个领域之间的相互促进、共同发展。也就是说，这将会帮助你更好地了解“保持完整”的意义，帮助你更好地将生活的各个片断整合成一个连贯完整的系统。

你可以从观察模式开始。当你回顾所填写的表格时，你看到了什么？你看到了你生活的各个领域之间是如何相互影响的么？你将开始更加清楚地看到你生活的各个不同领域的界限，从而认识到调整这些界限对你而言是多么的重要。

所谓界限就是可以给任何东西标明范围。在这里，我们使用“界限”这个词来表示生活中各个不同领域的范围。这个界限会根据它们的弥散程度（它们是否互相融合）和灵活程度（它们是否很容易被改变）而发生变化。界限之间可以发生融合，同样，也可能产生分离。维克托看到了这种可能性。

> 我开始逐步认识到对生活的不同领域进行区分的重要性。我需要在各个领域之间创造出更明晰的界限，以便我在任何时候都能够关注我最关心的事情，同时还要确保这些界限不会影响到我跨边界满足利益相关者期望的能力。

维克托开始了创造转变的过程。他认识到如果他表现出良好的精神和身体状态，在各方面都保持较高的效率，那么他就会感觉到自己更高效，对现状更加满意，并且对生活的各个方面都会产生积极的影响。

当詹娜重新审视自己填写在表上的内容时，她也是第一次发现利益相关者之间的期望是如何相互影响的：

> 弄清楚我的利益相关者对我的期望具有重要的启发意义。这使我认识到我的家人非常需要我的接受和认可。例如，我的父亲及妹妹和我完全不是一类人，我经常发现仅仅认可他们的现状都很困难。因此，我尽力通过在其他方面关心他们来进行补偿。很明显，他们关心的是另外一些东西，我必须弄清楚怎样才能满足他们合理的期望。
>
> 在工作中，我从来没有想过，至少是没有系统地想过，我的下属不仅仅需要我去监督和激励他们，他们也把我看作是一个能帮助他们取得成功的人。我非常兴奋地意识到，这是真的，即我们真的都在从彼此的成功中受益，这意味着他们对我取得成功的期望不仅仅是一个期望，而是他们的需要。

像维克托一样，詹娜也是逐步认识到“保持完整”的重要意义。当你尊重你的主要利益相关者，通过与你的价值观一致的创造性活动来统一他们与你之间的不同期望时，你就是在力图实现完整。只有你知道你和你的利益相关者对彼此的期望后，你才能做到这一点。

要想通过全面领导力课程变成一个你理想中的领导者，你就必须仔细思考对利益相关者的期望的感知。例如，你能够通过将任务与多个利益相关者的期望（这样做能够让四个领域直接受益）结合起来，以此发现新的机会改进你的表现。再比如，你或许可以更有效地对不同生活领域之间的界限进行调整，保障在某一个领域内的时间投入，向对你而言重要的人解释为什么你要花时间这么做，而且最重要的是，解释这样的界限如何能很好地满足你和他们的期望（让一两个领域直接受益，所有四个领域间接受益）。

把生活看作是一个你能够改变的系统

在这个练习中，通过利益相关者期望表得出一些或许会帮助你产生“四赢”的主意。请简要回答以下问题：

- 四个领域中，你在哪一个领域里最好地满足了利益相关者的期望？在哪一个领域做得最差？
- 解决办法来自你还是他们？
- 哪些关系最容易改变？为什么？
- 哪些关系最难改变？为什么？
- 怎样才能够通过改进某一个领域的表现来改善另一个领域的满意度和表现？例如，怎样才能通过改进你在家庭或社区的表现来改进工作绩效？

对这些问题给出的答案将帮助你认识到，你与利益相关者之间的关系全都属于一个整体：你的生活。它们还会帮助你注意到生活各个领域之间的联系。在某一个领域内发生的事情，或者甚至是某一个利益相关者，都会影响到你在其他领域里的表现。作为领导，你能够决定这种相互影响是否有益。你能够采取行动来缩小所谓的“利益相关者表现差距”。

为了找到差距，请比较上面两张表中对利益相关者的表现评分情况。只要一个方向没有达到 10 分，就表示存在差距。当然，对于任何利益相关者而言，可能最大的差距将是那些得 1 分的项目。

詹娜在这方面的经历值得参考。

> 我一直认为自己作为母亲，谢里尔(Cheryl)的伴侣，妹妹，女儿和朋友表现很好——但是，事实是我在家庭领域里的表现一塌糊涂。这绝对不是我期望得到的结果。实际上，我一直以为我在社区里的表现是最差的，其次是在工作中。但是，我从来没有如此系统地考虑过这些事情。现在，我意识到我能够在利益相关者那里和我自己这里找到改进的方法。要想实现这一目标，我们就必须更好地满足彼此的期望，一起努力调整彼此的期望，使它们趋向一致。

这个发现对于詹娜而言非常重要，并在后来激励她采取行动，做出改变。但是，通过看绩效评分表里的评分情况来探寻差距可能造成的影响时，最重要的问题还是前面练习中的最后一个问题：如何才能通过缩小在某一领域里的利益相关者表现差距来改善在另一个领域里的表现？例如，如何通过做一个好父亲而成为一个优秀的管理者？如何通过改善与朋友的关系使自己的家庭更加和谐，事业更加顺利？如何通过保持身体的健康来实现工作效率的提高？事实上，找到这些问题的答案，就找到了整合你生活的方法。

发现“四赢”

大部分人在面对如何整合生活中所扮演的多个不同角色这个问题时，都会考虑采取零和的“平衡”手段。我建议你换个思路，也许需要动用一点想象。不要退缩。开动大脑，思考一切办法，让你在某一领域内的目标、兴趣和价值观影响到其他领域并使其从中受益。

“四赢”的观点是全面领导力方法的一个基本假设：它能够让你有机会在生活的不同领域的不同利益相关者中创造出互利的结果。你不仅仅能够在生活的各个领域之间创造和谐，而且能够通过将某一个领域内的资产——例如技能、价值观、关系等——转移到另一个领域，从而实现各个领域的改进。你能够产生“正向外溢效果”：例如，当你感到自己是位好父亲时，你会感觉到自己在生活其他领域内的表现更加专注。许多全面领导力项目的参与者反映他们在家庭、社区和个人方面的改进间接——以“正向外溢效果”的方式——导致了他们工作效率的提高。

一些全面领导力项目的参与者，至少是在一开始的时候，总是倾向于实现在生活中某一个领域内的改变，而忽视了其他领域。有时，我不得不引导他们采用一个更加宽泛的、多领域的视角。想要实现“四赢”，就不能仅仅关注工作；必须不断地寻找机会，为生活的所有四个领域创造利益。如果你仅仅寻求改进某一个领域的绩效，那不是全面领导力项目所追求的结果。

下面是维克托对于上面那个练习中问题的反馈：

很明显，我现在在工作领域干得不错，但在个人领域却一塌糊涂。在家庭领域，我没有很好地满足各方期望，但是对我而言这是最重要的领域。我认为，相比工作领域而言，想要改变我在家庭领域里的表现是很容易的，因为我可以更容易地与家人进行交流，更好地了解彼此的期望。但是，在工作互动中形成的习惯和做法，对我实现目标造成了很大的障碍。另外，我和我的老板以前从来不会就这些问题进行交流。我们之间的互动一直是以工作为主题，很少涉及其他。这种状况必须得到改变。

看到这些表格，我本能的第一反应是要改善我在家庭领域里的表现，因为这个问题一直以来深深地困扰着我。但是，我还想到了其他问题，即我所采取的行动会不会是仅仅缓解了我目前的现状，而不能让我彻底摆脱困境？我可能要同时致力于改善在家庭和个人领域的表现。而且，我知道我必须考虑这些行为将会对我在工作和社会领域里的表现产生什么样的影响，即使这种影响不是直接的。在这里，关键是在考虑这些事情的时候，我还没有考虑时间约束的问题。我需要弄清哪些事情是不太难办到的，哪些事情可以让我生活的不同领域都变得更好。

维克托在从对自己的评估中获得实际经验，并思考运用这些经验帮助他更好地设计自己的全面领导力实验。他已经掌握了全面领导力方法最重要的核心思想之一。整个全面领导力过程中非常重要的一点就是减少压力，改进绩效。最重要的观点是：如果你将生活看作一个整体，如果你试着去思考和行动，让其他人看到：支持你，他们也将从中获益，你就会以很小的代价取得较好的结果。每一件事情都会变得好起来，你会感觉到自己能够更好地掌控生活，因为那时你已经学会了如何做一个为自己效力的人。

利益相关者关系的模式

对可能在你的关系网中看到的模式而言，在冲动的反应和更加深思熟虑的方法之间作出必要的区分很有用。

首先，有一种模式我称之为“爆炸”模式。在这种模式下，我们对生活的期望很难满足。没有人感到幸福。如果一个领导者遇到了这种情况，他该采取什么样的方式来挽救或改进这种模式呢？阐明彼此的期望，重新定义它们，创新做事的方式。事实上，在后面的章节中，我们将会谈到这个问题。然而，人们时常会对一个爆炸性的情形作出冲动的反应，总是设法逃离它，即使他们知道如果努力情况会变好。

还有一种“生气”模式。在这种模式下，你感觉好像你很好地满足着其他人的期望，但是他们却总让你失望。对于这个情景的冲动性反应是什么？一些人会把他们的怨恨埋藏在心里，自我感觉很坏，甚至整个人变得消沉起来。一些人会在口头上进行反击。还有一些人可能这两种表现都有。较有建设性的反应是向你的利益相关者阐明你的期望，向他们解释如果这些期望不能满足，你和他们都会面临怎样的结果——如果可以接受，就去接受吧。

许多人发现他们对自己施加了太多的压力，因为他们过高估计了他人对于自己的期望。在这种“压力/负罪”模式下，一切情况好像都与“生气”模式相反：每一个人都很好地满足了你的期望，但是你却让每一个人失望。对于这种模式的冲动性反应通常表现为，总是做相同的事情，而不愿意更进一步。这常常会导致压力的进一步增加。我已经发现很多全面领导力的参与者正陷于这种心理压力的怪圈之中。在这里，再次提到领导力这个词，是希望参与者们能够对他人阐明期望，这也是一种自我释放。从这里开始，协商和革新是可能的。经常的情况是，参与者们发现他人对于自己的期望实际上要比他们自己想象的低多了，这会促使参与者们在分配自己的时间和精力的时候减小压力，并采取一些聪明的改进措施。

与“爆炸”模式相对立的，我称之为“扩展”模式。这是在双方都充分满足了各自期望时的一种状态。如果你看到这种状况，你已经达到了完美的境界。当然，认为任何一个人真正在所有的利益相关者关系上都实现了这种模式，这几乎不可能。我看过上千个参与者的利益相关者期望表，但是从来没有发现一个完全符合扩展模式的。如果你和你生活中的某个利益相关者之间达到了“扩展”状态，你会怎么做？弄清楚你是怎么做到的，并继续巩固这种状态，更进一步强化这种经验，试着在你生活的所有领域中都培养这种建设性的关系。

与主要利益相关者的沟通方式

“保持完整”需要你与那些对你而言重要的人保持密切联系。作为生活在 21 世纪的人，要做到这一点，选择哪种途径并不总是一目了然的。我们如今有令人难以置信的、强大的沟通工具，如何运用它们值得好好思考。

数字技术给我们的生活增强了信心和压力。新的沟通工具可以使我们从时空的局限中解放出来，同时也带来了许多新的问题。它们能够帮助我们很容易地从生活的一个领域转移到另一个领域，因此也就使得生活各领域之间的界限管理工作变得相对容易，也可以使需要你的人很快接触到你。你能够和他们进行无线交流，从而使沟通变得非常有效率。然而，大部分人发现他们每天每时都被环绕在他们身边的海量信息所淹没，以至于无法实现潜在的利益。

让我们做一个思维实验：如果我现在告诉你，你将不得不在未来的三天内放弃使用所有的数字工具，你会作何感想？是感到放松解脱呢，还是感到非常可怕？我们已经对这些数字工具产生了高度的依赖，然而我们却一直都没有花费足够的时间来思考如何使用这些工具，让它们在不降低我们生活质量的情况下，更好地服务于我们。

实际上，一些人抱怨说，使用这些新技术减少了人际交往和社区归属感，还有一些人则抱怨说，这些新技术使得他们一天 24 小时总是处于被控制状态之中，甚至都没有时间对生活中的紧急情况进行处理。虽然新技术承诺将提供给人们自由、选择和控制，但是现实情况是大部分人却深深地受制于它。站在雇主的角度，许多老板非常想知道当员工们在进行虚拟联系的时候，他们是否真正地在认真工作。他们也非常关注在“团队”不可见的时候，如何来加强团队精神。最后，当员工绩效用的是老式办法测量的(根据呆在办公室里的时间)，而不是基于结果(无论他们在哪里、在什么时候被完成)的时候，数字交流技术看上去会破坏生产率。

数字革命提供了新的交流工具，对于要充分利用这些工具所要具备的心理以及社会技能,我们现在清楚是怎么回事了。但是,如果你能够使用这些已有的交流媒介来帮助你建立信任,获取更大的灵活性,那情况又会怎样呢?如果你能够做到这一点,而没有被你的“黑莓手机”、移动电话或者是笔记本电脑奴役和持续不断地骚扰,那情况又会怎样?你将拥有更加完整的人生,将能够更好地整合你生活中各个独立的领域。

你能够学会使用新的媒介来转移时间和空间,从而为你所有的利益相关者服务,当然也包括为你自己服务。但是,我们仅仅明智地使用并不能解决一切问题。对于那些真正重要的人而言,面对面的交流同样是必不可少的,有时候数字交流工具的作用是有限的。具体到采用哪种交流方式,主要取决于哪一种方式对于你和你的利益相关者们最有益处。

对互动形式进行研究将有助于你合理选择使用每一种交流模式(例如,当信任尚未完全建立起来的时候,面对面的交流方式是最好的),同时可以减少你的负担(例如,面对面需要你在特定的时间安排一个特定的地方)。这或许意味着在充分权衡数字交流技术给你带来的灵活性,让你能够有新的方式与不同的人进行沟通的同时,你需要把面对面的交流时间更多地分配给特定的利益相关者(例如你的孩子或客户),而较少地分配给其他人(例如你的老板或者你的下属)。下面的这个练习将会帮助你激发创造性的思维,在不同的沟通形式之间作出合理的选择。

这个分析的真正价值在于让你了解媒介的优先顺序(你的和他们的),学会如何通过使用某种既定的媒介,更加有效地满足利益相关者的期望。找机会解释为什么在某个特定的沟通场合,你更愿意

沟通的形式

思考一下你与利益相关者进行沟通的各种方式。对于每一个利益相关者，估计一下你在下面三种交流形式上，各自投入了多少时间：面对面交流，同步虚拟交流方式（转移地点和时间，例如电话，即时通讯，电视会议等），非同步虚拟交流方式（转移时间但不是地点，例如语音邮箱，电子邮件等）。例如，你或许花费了50%的时间与老板面对面交流，20%的时间在电话上，30%的时间在电子邮件和语音邮箱上。找一个方便的地方记录下你与每一个利益相关者的沟通时间的分配情况。

做完这项工作以后，便可以开始寻找模式。思考不同的沟通形式如何在每一个领域内影响着你实现目标的能力，并根据影响程度的大小对它们进行排序。你是否有机会重新组合不同的沟通方式，以使你的沟通更有效率？是否有一些利益相关者，你应该增加与他们之间的面对面交流？是否还有一些利益相关者，应该减少这种交流？是否有一些利益相关者，与他们之间采取更经常的、虚拟的交流方式可能更为合适？

使用某种媒介而不是另一种。例如，如果你更喜欢使用电子邮件的沟通方式，把它作为沟通的最佳媒介，而不是使用电话与朋友、父亲或者同事进行沟通，那么，了解你对沟通媒介的选择偏好将会使整个沟通过程更加顺利。选择什么样的技术媒介进行沟通，取决于沟通双方对于你们为什么、以什么方式、在什么时间进行沟通的理解。

要留心其他人所偏好的沟通工具。在你与利益相关者的对话中，你将有机会与他谈及在什么时间、什么地点、以何种方式来使用不同的媒介保持联系，包括你在场或者不在场的情况下。例如，你们或许会讨论，如果你关掉数字信息流一段时间——即使只有一小时或两小时——集中你的全部精力在某一件事情上会怎么样。

有许多种方法来测验你使用不同的沟通媒介与所能够产生的"四赢"目标之间的关系。分析你对不同沟通媒介的偏好，可以让你在使用它们的时候变得更聪明，我们在下一章里将会用到这些沟通工具。但是，新的沟通媒介并非包治百病的灵丹妙药，它们只是一种工具，它们无法满足利益相关者的期望，也无法帮你得到你想要从利益相关者那里得到的东西。

在下一章中，我将向你展示如何通过使用最合适的沟通媒介来同你生活中的主要利益相关者进行富有成果的谈话，这些谈话在某一个时段内集中发生，谈话内容是关于你在本章和以前的章节中一直在记录的和思考着的一些东西。你已经完成的准备工作——识别最重要的人，描述你期望从每个利益相关者那里得到的东西，如何更好地满足这些期望，看看生活各个不同领域之间如何相互影响，评估你如何使用沟通工具同他们保持联系——将会在你朝着更加完整的人生迈进的道路上为你提供最好的帮助。

在继续前行之前，请暂停一下，回想一下你从分析利益相关者期望中学习到的东西，看看为了实现拥有一个完整人生的目标，你已经学习到了哪些东西。

第五章

与你的利益相关者对话

一

旦维克托开始思考他与自己周围核心人物的关系，他就已经在准备与这些人建立一种更加紧密的关系。他准备同他们进行“利益相关者对话”，通过分析他们如何相互影响来深入探究他们之间的关系，为改进这些关系创造新的机会。要成为一位优秀的领导，拥有丰富的人生，你和那些你想要激励的人保持一种畅通的谈话艺术。没有比这种谈话艺术更好的方式。

利益相关者对话有两个主要的目标：核实现有的期望；如果必要的话，改变现有的期望，探索如何使用新的方式来满足这些期望。利益相关者对话为你与身边的核心人物提供了一个建立信任和获得支持的机会。丝毫不令人吃惊的是，事实证明，维克托在工作领域最重要的对话正是与他的老板进行的。

我并没有真正地期望谈话会顺利进行。我害怕一旦说出想要从别人那里得到些什么，人们会拒绝我，我害怕他们不会采取任何有意义的方式来帮助我。但是我对人们与我展开谈话的开放程度，以及切入方式感到非常吃惊，我发现我突然开始讨论一些自己从没和别人谈起过的一些事情。而这一切是那么的容易！

我最担心的是与我的老板之间的那次谈话。他和我除了"把工作做好"之类的工作关系之外，很少有真正的沟通，我认为和他的谈话将会是一场灾难。但是，甚至这次谈话也进行得比我预想的要顺利得多。我一说出想要从公司得到些什么，并且解释这么做的目的是努力提高我的绩效，我们的谈话便进入了一个全新的境界。我告诉他我以为他最需要我的是什么，请他证实。这使他高兴，也许因此促进了谈话的顺利进行。我不是说我们现在关系密切，但是这是一个开始——我向我的目标迈出了一步。

利益相关者对话有助于开展下一步的工作，即设计一些不仅仅对你有好处，而且对你生活中所有重要的人都有好处的实验。毕竟，这是领导者必须面临的挑战。基于你对自己和对身边人的认识，选择一个有意义的努力方向，然后在实现目标的过程中争取获得有力的支持。

你从利益相关者对话中得到了什么？

全面领导力项目的各个步骤之间环环相扣。前面几章中完成的工作为你下一步的工作打下了良好的基础。你仔细地思考了你的核心价值，设想了你想要成为的领导者，评估了你对现状的满意程度，看到了你在自己生活各个不同领域里的表现，弄清了你与那些对你而言最重要的人之间的合作情况。

现在，在利益相关者对话中，你证实了，并在某些情况下纠正了自己对绩效期望的感知。你对你的主要关系进行了一次广泛和深入的考察，更加生动清楚地看到了你身处其中的那张复杂的关系网。这些谈话帮助你认清了生活中不同领域之间是如何相互影响的。你发现了自己与利益相关者之间共同的利益，并寻求一些新的方式来满足这些利益。你能够开始直接或间接地讨论打算改进某事的想法，这些想法将帮助增进你的利益相关者以及你自己的利益。

而且，你不必向任何人披露你的隐私。在整个谈话过程中，你可以全面控制你想要透露的内容。但是，正如你在本书前面看到的那样，讲出你的故事——关于你的过去和未来——是领导者工具包中的一个重要工具，因此这值得一试。当你向目标迈进的时候，分享你的领导愿景可以帮助利益相关者全身心地加入到你的行列中来。在利益相关者对话中，你有机会将自己的故事讲给那些最有兴趣听的人听。

这些针对你的主要利益相关者所进行的对话，虽然是分散进行的，但是大多集中在某一个时段之内。它们为你提供了来自工作、家庭和社区的不同反馈。从这个意义上讲，这些对话很像专业的“360度反馈”。也就是说，这些对话提供了来自你生活各个方面的全方位反馈，而不仅仅是老板对你的绩效评价。但是，在利益相关者对话中，你掌控着所有数据，这与你的报酬无关，但却涉及你在生活中的所有角色。把它看作是“生活360度反馈”。

你最亲密的关系对于你的成功到底有多重要？对于这个问题，利益相关者对话提供了全新的评估。如果你正在按照与你的价值观相一致的方法追求你的目标，那么，你将发现利益相关者对话会帮助你更好地了解其他人真正希望从你这里得到些什么，同时你也可以真正开放性地讨论你需要从他们那里得到些什么。

这些谈话基于你已经完成的大量工作，因此完全不同于你或许已经进行过的其他谈话。谈话的目的就是帮助你在内心深处从你的利益相关者的视角来看问题——这是一种必要的领导技能。你的对话代表着一个转折点。他们能够改变你的看法，对你以后的行为产生重要的影响。要实现这个目标，你需要做一些准备，制定一个计划。

指引航向

你在第四章中完成的评估基于你如何看待利益相关者的期望。当然，你的感觉或许不是十分精确。因此，在准备利益相关者对话的时候，开诚布公是最好的选择。记住，这些谈话的主要目的是为了证实或纠正你当前对利益相关者期望的理解。这可以使你对于周围的人想要从你这里得到什么有一个更加现实、完整的认识，这有助于你将他们看作是一个完整的系统。你有许多事情要做。任何事情——例如协商新的期望或者探讨如何更好地满足这些期望——都会带来回报。

每一次对话都是不同的，因此你应该为你想要接触的每一个人制定一份谈话计划，这样你将受益匪浅。你想要和他聊什么话题？有什么需要回避的话题么？你主要想从谈话中了解到什么？各个话题之间展开的先后顺序如何？你如何知道已经实现了谈话目的？

如果你像过去的大部分参与者们一样的话，你将会发现，人们会因为被你选作你的利益相关者（如果你让他们知道的话）而感到荣幸，他们将会非常乐意与你畅谈你们共同的未来。在谈话的过程中，尽可能使你的利益相关者感到舒适，这样他们会很愿意与你交流。在谈话之前，花点时间选择合适的地点、方式和时间。

虽然面对面交流的效果通常是最好的，但是它也并不总是最佳选择。面对面交流是必需的么？如果你利用了虚拟交流所提供的灵活性，你仍然能够和其他人建立起较为亲密的关系么？思考不同沟通媒介的相对优势和劣势，把这作为一个机会，通过选择合适的沟通媒介来加强有效沟通的能力。

当你开始体验全面领导力项目的时候，利益相关者对于你的成功而言就是必不可少的。最终，他们会感觉到这个过程也是他们的过程，他们支持你正在努力实现的目标。在准备一次成功的对话时，有一点非常重要，那就是要让其他人感到自然和放松，这样在谈话结束时他们会对你产生比以前更好的印象。

从个人话题入手可能很难直接切入主题，因此应该为每一次谈话预留出充足的时间。选择一个能够使两个人都感到放松的地方。例如，与下属谈话，如果把谈话地点选在办公室的话，他们潜意识里会想到自己的下属地位，因此可能不愿意告诉你他们期望从你这里得到些什么，也不会直言你在哪些方面做得不好。一个中性的地方通常是最好的选择。要确保在这个地方，你们的谈话几乎不会受到什么打扰。选择一个你不被打扰，或者被打扰尽可能少的时间来进行谈话。

在开始每一个谈话之前，回想一下你在第四章写下的内容，思考一下你的利益相关者会如何看你，以及你在你们的关系中所发挥的作用。这也将帮助你思考自己期望从他们那里得到些什么。所有这些将使你在谈话之前，重新审视你对这个人(或者他/她所代表的群体)的一贯认识，开始留心寻找一些改进的机会。这将使得你们在谈话中很容易共同达成新的期望，还会帮助你始终把握谈话的方向。

将你以前写下的一些事情，例如领导愿景、关于未来的故事等交织在一起进行讨论是一个很好的想法。用这样一种方式来讨论你的愿景，会让你的利益相关者看到你正在努力做的事情对于他们和你而言都是有好处的。换句话说，你的每一个利益相关者在你们共同的未来愿景中扮演着怎样的角色?

在和利益相关者对话时适当地做些准备是很有必要的，因为这有助于使谈话产生你想要的结果，能够帮助你成为一个更加优秀的领导者。为了帮助你的谈话取得成功，下面这个练习将教会你作出必要的准备:核实和确认行为期望。做完了下面这个练习，通常会产生的结果是:双方都感觉到彼此增进了关系，加强了联系，提高了支持的力度。

完善你的方法

为了使你的利益相关者对话顺利进行，这里有一些建议。请选择合适的语言来表达下面几个问题:

- 就“你认为他们想要从你这里得到些什么东西”这个问题同他们展开讨论，使用“我认为”(我认为你希望我……)的方式开始，请教他们你对这个问题的认知是否正确。如果不正确，从他们那里寻求解释。

- 询问他们期望从你这里得到些什么的细节和例子。
- 反过来，讨论你对他们的期望，然后看看他们的反应和疑问。

你很容易落入"对过去的行为进行辩护"的陷阱中，以至于放不开手脚。尽量不要让情感妨碍了你的理解。避免去责备一些可能会存在于你们的关系中的问题。通过承认他们的观点来避免激化他们的反应。在心中牢记主要目标：核实——如果需要的话——纠正你们对彼此行为期望的认知。

在这个过程中你会发现，你正在从事一项科学工作：探索。你越是抱着一种探寻的精神，你就越是能够更好地弄清楚周围人对你的期望。接下来，你在下面各章中所设计的实验就会越聪明、越成功。

现在，花费一些时间写下你对下列问题的最初看法：

1. 如何准备每次对话——包括时间、地点和沟通方式。

2. 你从以前的章节中学到了什么。

3. 你将会做哪些工作来核实每一个利益相关者的行为期望。

每一个关系都是不同的，每一个人对于谈话内容的反应也都是独一无二的。思考一下，你将如何来核实你对每一个利益相关者对你的期望的感知，反之亦然，然后你怎样能够对他们的这些期望有更深入的了解，使你能够理解这些期望对于你们双方而言真正意味着什么。

克服恐惧

你要为对话做的另一项重要的准备工作就是克服紧张情绪。事实上,如果你一点都不感到紧张的话,那么肯定是什么事情出了问题,你很有可能并没有对这个对话本身想清楚。如果你担心会听到一些不愿意听到的事情,那是一种很正常的反应。你正在做的准备将会减少你遭遇这种害怕的机会,同时增加你从这些谈话中获取有用信息的机会。

安德烈在准备与他的妻子玛尔塔(Marta)的谈话时认识到了这一点。

> 在写出我对利益相关者的期望的时候,我挖掘出了我自己的弱点和内心深处的恐惧,因此我对玛塔有所保留。我认为,她希望我是强大的,我不想让她对我产生负面的看法。而且,自从她承担了照看我们的两个孩子的巨大压力之后,我不想对她说过头的话。但是,我感到我需要将我对她的一些期望与她进行沟通,我认为在有些方面她需要做得更好。
>
> 我确信,我会遭遇到一些反对,甚至是怨恨,但是谈话的效果却好得令人吃惊。首先,玛塔证实了我的许多想法,这很快就驱散了我的紧张感。她还告诉我,我对支付家庭生活费用的估计过高。她说我心目中的费用开支超过了我们的需要。她仅仅是想过得舒服一些而已,对于我一直坚持的家用开支水准并不关心,也不热心。
>
> 当她承认自己的确有些地方需要做得更好的时候,我如释

重负。总之，我妻子和我重新证实了我们对彼此的爱和承诺。我确信我们仍然深深地爱着对方，但是这种谈话的确是一种很特别的方式，也很有意义。

安德烈的对话不仅仅是又一次老生常谈，而是两人关于对他们而言真正重要的事情的一次专注的交流。这次对话为评估双方的期望提供了一个机会，它提出了一些能够帮助他们增加家庭满意度的方法。

令人吃惊的地方通常在于：利益相关者对话往往表明大部分人对你的期望实际上比你认为他们对你的期望要低得多；反过来，他们要比你想象的更愿意支持你。更确切地说，是你自己限制住了自己的手脚，让自己体会不到这种意外的惊喜。当然，并不是在每个情景下都是这样的，但这是最可能出现的结果。

通常最容易令人产生焦虑感的一种情况是，你要和一个"令人畏惧的利益相关者"——这是我的一个学生发明的术语——进行对话。每一个人在自己的利益相关者名单上都至少会有这样一个人物。谁是令人畏惧的利益相关者？为什么这个人会让人感到如此可怕？由于许多原因，你不愿意同他谈论关于你的未来和你现在的进展。你或许害怕在向他讲述你的希望和梦想的时候，会被他抓住你的弱点，并加以利用。或许你担心他会认为你对未来人生的规划是非常愚蠢的，是不可能实现的。通常情况下，令人畏惧的利益相关者是一个你认为对你有某种操纵力的人，他不仅控制了你生活的某个方面，而且在阻止或将要阻止你做你想做的事情。

我已经发现的一个现象是，大部分与令人畏惧的利益相关者所进行的对话都产生了比预期要好的结果，这主要是因为你事前做了精心的准备，发扬了一种问询的精神（抱着求知而不是胜利的心态），构建了一个你们将会共赢的未来。采用这种方式，你表现出对对方的尊重，开启了通往互相支持的道路。

利姆对于自己与令人畏惧的利益相关者之间展开的对话感到非常吃惊：

> 迄今为止，在我的工作领域里，最大的吃惊来自于我同我的老板萨姆(Sam)的对话。他不仅对我敞开心扉，而且第一次真正知道了我对我们之间的关系的看法。坦率地讲，我已经对我们之间的关系感到几乎绝望了。
>
> 但是，我们的对话产生了一个突破性的认识。在过去的18个月里，我们把大部分的时间都花费在了针锋相对的激烈争论上。他的主要问题在于，作为CEO，他感觉到——用他的话来讲——"一种悲哀"，即我和其他搭档们一直没有把他当作是我们企业的创始人和导师级的人物而给予足够的重视。我发现这非常有意思，因为我和他之间的主要问题是我感到他最近几年来一直没有重视我为公司利益所付出的努力。
>
> 因此，我想做一个实验。我想寻求与萨姆之间开展一次"力求真实"的交流，这样一来，我们要么能够在满足彼此预期方面找到新的契合点，要么一劳永逸地决定我是否、何时、如何离开这家公司。

通过他们的眼睛观察——发现新的可能性

一旦你核实了期望，这些对话就给你提供了一个机会，即更好地满足他人对你的期望并创造一种更有建设性的关系——当然，这样做，需要有其他必要的关系作为支撑。他们会对当前的行为与希望达成的状态之间的差距进行非正式评估，并力图缩小这种差距。当然，一些人在讨论过程中会表现得比其他人更开放一些。在你开始寻找新方法来满足期望之前，需要和一些人进行更多的交流，以核实这些期望。

当前，大部分谈判专家的一条最基本的戒律就是：从特定的位置中找出最根本的利益所在。期望常常被表述为某种表面需要。它们并不一定反映了你的利益相关者的真实需求、愿望或恐惧。只有当你充分了解了利益相关者的根本利益时，才能够真正评估那个人的真实动机。有了这些知识，你最好能够提出一些有利于满足你生活中各个领域期望的想法。一旦弄清你们的共享利益，你就能够在谈话中对此进行测试。

例如，在你和你的老板进行的利益相关者对话中，当你谈到你正在努力寻找一种新的方法来管理你的工作领域和家庭领域之间边界的时候，你感到很舒服。进一步深入你和老板的谈话，你认为老板希望你即使是晚上在家的时候也总是守在电话旁边，随叫随到。这就是把你放在他的"位置"上思考问题。但是他的"根本利益"——他真正关心的事情——是不同的，你是通过询问他的期望的动机得知这一点的。你发现，他想要的是，他需要你的时候就能够找到你，他能够依靠你的不懈努力来实现他所提出的目标。

通过发现这一点，你就能够创造机会，探寻一些既能满足他的基本利益，又对你有利的改进方法。例如，你可以对他这么说：

> 我有个想法。我非常愿意尝试一些事情，让我能够更有效地完成对你而言重要的事情——也就是说，不在下午6点到9点之间查收电子邮件，取而代之的是，我将用这段时间来关注我生活的其他方面，以便我能够在其他时间百分之百投入到工作中。这对于我们的事业是有好处的，因为我的表现将更加专注，工作将更有效率，也会更加幸福和健康。而且，我会在晚上9点查看电子邮箱，看看你是否在下午6点到9点之间给我发了电子邮件，并尽快作出反应。如果真正遇到紧急情况，我会让我的电话一直开机，你随时可以找到我。我们试着这样做一周，看看效果如何？如果效果不好，我们就回到原来的状态，或者尝试一些新的方法。

这是一个开展试验的简单的例子。它提出了实现共同利益的办法：你可以有时间照顾自己的家庭，这使你能够在他们不在身边的时候更加专注地工作；而你的老板则得到你无论何时工作都焕发出100%精力的结果，而且他知道如果需要你的话，他可以在一周7天24小时的任何时间得到你的帮助。

发现共同利益——谈判学家理查德·谢尔（Richard Shell）将其称为"谈判的万灵药"——是你的利益相关者对话的重要目标。要做到这一点并不容易。我们每个人都以自己的方式来看待这个世界，都会由于我们的恐惧、无知和情感过滤而产生各种偏见。进入你的利益相关者的内心世界是对领导力一项真正的挑战。你必须学会通过他们的眼睛看世界。将聆听和理解作为你的首要目标，即使你并不同意某些观点。如果你秉承着问讯的精神——你想要学习，而不是争论——来开展你的利益相关者对话，你将有可能开辟新的道路。

发现根本利益并找到满足期望的新方法

为了发现根本利益，你必须进行一些测试：

询问利益相关者"为什么"他们对你有某种期望。真实地表达——而不是冒昧地去问——你的兴趣所在：促使他们实现期望的动力是什么？

通过提问的方式，了解他的真正需求。

你正在寻求新的发现。你的目标是学习，因为你了解他们的利益越多，你就越能够让你们的利益趋于一致，反过来，他们就越有可能支持你。

承认存在多重利益格局，有的也许还在竞争。

要理解正确和错误的选择之间并没有一个黑白分明的分界线。利用你的判断，在相互竞争的利益中，作出最佳选择，以便能够帮助你实现长期利益目标。

关注共同的未来。

你将要走的道路，是你与利益相关者共同铺就的道路，而不是你自己可能一直走的崎岖不平的路。

问问自己怎么做才能成为一个更好的朋友、老板、雇员、配偶、兄弟姐妹或公民。

仔细倾听，然后用自己的话复述出来，并请对方确认。好好理解你所听到的，这并不是要求你去做点什么，而是让你更加明白你可能会做出完全不同的选择。

当建议进行某些改变的时候，明确具体地告诉你的利益相关者。

提供明确的行动思路。这会帮助他人思考，改变对于他们而言或许会意味着什么。

询问你的利益相关者“为什么不采取”一些新方法来做事情。

不要采取强迫的方式，找个方法来询问对方，如果采取一些不同于现在采用的一些办法，会产生什么样的结果——是好的还是坏的，是希望得到的还是害怕看到的。

现在，简单写一下，如果要考虑下面三个问题，你将如何处理你与利益相关者之间的每一个对话。

1.发现根本利益，评估一下它们与相关者根本利益的一致程度。

2.找到一些不同于以往的新方法来改进结果。

3.设计一个试验，用新的、更好的方法来满足相关者的利益。

正如你需要为每一次对话作全面的准备，想清楚该如何核实你对利益相关者的绩效期望的感知一样，提前思考如何发现利益相关者的根本利益，并寻找满足这些期望的一些可替代方法，这是非常必要的。下面的练习将会帮助你做这件事情。

如果你知道利益相关者真正想要些什么，你就能给他们提供他们无法抗拒的东西。只要你努力做的事情也是为了他们的利益，那么你这样做的目的就并不是要操纵他们。你几乎不会有负罪感——这种感觉折磨过很多人——如果你相信你正在做一些既有利于你的利益相关者，又有利于你的事情。下面的练习将会帮助你通过他们的眼睛来认识这个世界，找到你们的共同点。

进入他们的内心世界

角色转换的练习给你提供了一种新的方式，帮助你从对方的角度来理解对你而言重要的人的根本利益。这个练习通常是这样展开的，你想要求某人做某些事情，而你预计利益相关者会对你的请求说不。或许他是令你敬畏的利益相关者。

找到某个人来扮演你的角色，你来扮演你的利益相关者的角色。当扮演你的人问到某件事情时，你（扮演你的利益相关者）表示同意，然后思考你所扮演的利益相关者能够和应该——从他的/她的视角出发，而不是从你的视角出发——同意这件事情的所有理由，而不是你所期望的不同意这件事情的理由。扮演你的那个人继续进行，更加仔细地询问为什么你（扮演你的利益相关者）同意这个观点。

高级MBA班的学员迈克·米勒（Mike Miller）在准备同他的父

亲进行利益相关者对话之前做了这样的角色扮演练习。他一开始想请求他的父亲做一件大事：横穿整个国家，到加利福尼亚州，来帮助他开创新的业务。迈克确信他的父亲会拒绝此事，便在课堂上进行了一次角色转换练习。他开启想象力，提出了许多他的父亲能够和应该说“是”的理由(从他父亲的利益的角度出发)，在扮演他的角色的同学刺激下，他还想到了很多以前从来没有真正考虑过的因素。当迈克意识到他的父亲没有任何理由说“不”的时候，事情进行到了最紧要时刻。现在，他已经准备好同他父亲的实际对话了，并且有希望让父亲同意他的意见，因为他已经从他父亲的角度充分考虑到了同意的理由。迈克成功了。当这个消息几个周以后传到我们班的时候，大伙儿沸腾了！

找到共同点

通过这些谈话，你有可能更加清晰地看出你在生活中某个领域内的行为如何影响着你在其他领域内的行为。利益相关者对话能够告诉你如何来完成你的目标，如何定义你的核心价值，怎样做才能让你的价值观和行动更加趋于一致。人们告诉我，在进行了利益相关者对话之后，他们感到更加自信和满意，生活中的不同领域之间也更加和谐了。换句话说，在开展单独的试验之前，他们就已经顺利地走上了通往“四赢”的康庄大道。

克里的经历是很常见的：

我开始了利益相关者谈话，目的是想让我的利益相关者们看到如果我更加关注我自己，我就能怎样更好地帮助他们。同时，我了解到他们不仅仅在努力帮我，而且希望我能够像帮助他们那样对待自己。我的社区利益相关者就是这么想的。我希望他们能够从我这里有所收获，可是他们大部分人却说出同样的话："你已经为其他人做的够多了"，"你工作太努力了"，"你已经付出太多了"，"我愿意看到你对自己像对朋友那样慷慨"，"我经常感觉你付出得太多，以至于我没有足够的东西作为回报"。

当我们在谈论如何善待自己的时候，我们有可能让所有的利益相关者受益。我认为这并不是一件很困难的事情。我知道自己一直没有给我工作领域中的利益相关者们以足够的信任、理解和支持。我认识到我对自己的预期比他们对我的预期要高。

我的一个利益相关者曾经建议我做一个试验：与一些朋友和运动伙伴一起练习三项全能运动。我正在认真考虑这件事情。这个试验将帮助我满足生活中所有领域的目标：当我和朋友们共度美好时光的时候，身体也得到了锻炼（这也会让我的父母感到高兴）。最终，这会帮助我感觉更好，让我可以更加专注地工作。我认识到，在工作之余我有责任去满足人们对我的期望，这将促使我更有效率地工作，从而使我能够按时回家，并满足运动伙伴们对我的期望！

那一年里，克里和另外两位全面领导力课程班的学员一起在加拿大完成了三项全能运动。

建立和保持信任

每一个利益相关者对话都为你提供了一个建立信任，进而赢得支持的机会，这有助于你实现自己的目标。信任，也就是认为他人的言行是有良好的意图，并对其充满信心。这是把各种关系牢牢结合在一起的凝合剂。领导者必须信任下属。没有信任，你就无法从利益相关者那里获得所需的支持。如果没有他们的支持，你就很难完成很多重要的事情。

能够取得信任的企业家往往能够吸引到最好的员工，并留住他们。他们在组织内部营造出一种归属感，随之而来的就是员工对组织的投入。反过来，这会使员工们更有效率地工作。底线是：你想要被看作或被认为是一个真正关心其他人的人，是一个不仅仅按照自我感觉行事，而且按照共赢原则行事的人。

当然，信任对于家庭也很重要。相爱的关系是建立在家庭成员良好意愿的基础上，并且他们有能力表达这种意愿。人们渴望亲密的联系，有很多种方式可以让你与身边最亲密的人建立起信任关系。开诚布公地谈论重要的事情，表现出你的关心，信任就会被慢慢地培养起来。

罗克珊同孩子们之间进行的对话以一种让她意想不到的方式帮助她发现了家庭成员的根本利益，这为她提供了在她最珍视的关系中建立信任的新机会：

> 我8岁的儿子告诉我说他认为我很有趣，他非常愿意和我在一起玩。他正处于迷恋视频游戏，喜欢与同龄小朋友们一起

玩的年龄段，因此，当我听到他说他很重视我们在一起玩儿的美好时光时，我很吃惊。

然而，我13岁的女儿告诉我，她感到自己受到了欺骗，无法获得我的时间和注意力，她对我感到很生气。她告诉我，有天晚上她从床上起来的时候，发现我正放松地躺在沙发上，与我的丈夫开心地谈着话。她猛地认为，我总是等到她和她的弟弟上床睡觉以后才会觉得放松，才变得更加容易接近，因此她感到受到了伤害，感到很生气，因为她觉得我不想在她身上费时间。了解到这一点，对于我而言非常重要。当我们谈到这一点的时候，我逐步清晰地认识到为什么近来她一直与我保持疏远。

罗克珊的谈话向我们表明了利益相关者对话如何帮助我们了解人们真正想要从我们这里得到些什么。她的儿子给了她一个意外惊喜，使得她开始思考如何更好地利用自己的周末时间。而她与女儿的谈话则是一个非常好的例子，它向我们展示了一次精心准备的、目的在于阐述期望的谈话，如何能够带来富有意义的结果，从而加强彼此之间的联系。

你越向利益相关者敞开心扉，你就越能让你的利益相关者向你敞开心扉，你就越能认识到你们的对话对你和对他们而言是多么重要。你给他们提供的信息越多，他们就能帮助你越多。互惠的交流是最理想的：我告诉你一些关于我和我的侧重点（例如关于我的未来，我们的关系是如何重要等），然后你告诉我一些关于你的利益的事情。这样做可以导致更大的互相信任。

让人们知道你关心他们的所想是一件有价值的事情。大部分人都会重视你的提问。我确信,你的利益相关者会对你正在努力改进你们之间的关系,以及你把他们看作自己实现重要目标的关键人物这些事情印象深刻。

这些对话通常很少会给你带来要求你做更多事情的压力。相反,他们通常会引导你重新分配你的时间和精力,以减少你在某些领域内的压力。事实上,在某些领域中,的确不需要配置那么多的时间和精力。这些对话更经常的结果是,如果参与者减少在某些领域内的投入,那么对话会减轻他的负罪感。这产生了一种可能性,即你可以在某些你过去认为应该做的事情上减少投入的时间和精力,从而在你真正想要做的事情上加大你的投入。如果你的负罪感减轻了,你就消除了领导力变革的一个主要障碍。

詹娜从她的对话中学习到了一些东西:

> 一位下属要求我授权的事情震撼了我。正如其他人一样,他说他认为我并不信任他。我认为我们之间的关系不错,但是信任问题却作为一个特殊的问题出现了。我团队中的一个人直截了当地问我,为什么我对他人授权这么少,以至于我的时间表总是排得满满的,而每个人都认为我不应该浪费我的时间来做那么多的事情。他问,为什么我不信任他们,放手让他们去做一些他们应该做的事情?我的试验之一就是给我的团队成员更大的自主权。正如我想象的,从目前公务缠身的状态中解脱出来是一个不错的选择。现在,我能够集中精力来思考我们集团发展的一些战略性问题了。

信任是个脆弱的东西。在利益相关者对话中，关于处理破裂的信任问题，有几条规则被证明是有效的。信任首先与相互的感知有关。简单地说，如果你和你的利益相关者都认为信任破裂了，那么信任就真的破裂了。争论信任是否破裂是没有任何意义的。对破裂信任的感知很重要——如果这种关系值得挽救，就必须对其进行修补。如果你已经非常准确地识别出了你的利益相关者，他们真正是你生活中各个领域里的最重要的人，那么修补你们之间破裂的信任是非常有必要的。

如何修补破裂的信任？你必须首先弄清楚信任是从哪里开始破裂的，然后，接受破裂的事实，给对方一个真诚的道歉。你需要承认破裂的信任对于你们之间的关系有一个明显的负面影响，这是一个很严重的问题。对以前有可能导致破裂的行为进行解释，但是不要为它们进行辩护。帮助对方了解是什么原因导致你做出了当时的选择，但是记住不要让其演变成一场争论。最重要的事情是要表明——以使他/她更好地理解——你愿意尽你所能来修补破裂的信任关系，因为这种关系对于你和你们的未来都非常重要。

开始谈话！

就像伟大的演员需要花费大量时间进行训练一样，要想成功地在你与利益相关者之间展开对话，必要的准备是非常重要的。然而进行真诚坦率的交流并不容易，尽管大部分的参与者过后都表示轻松。你已经建立起了行动的基础，但是毕竟你还没有开始与对方真正地打交道。现在你将开始谈话，有可能非常艰难。

在做行动准备的时候，似乎所有的事情都让人忐忑。一些人担心他们与利益相关者的对话会陷入尴尬，例如与父母之间进行的对话。一些人认为他们和孩子们之间不可能开展有意义的对话。但是，你现在已经为此做好了准备，这是值得一做的。一旦你开展了这些对话，就会得到大量素材，有助于设计试验。

实践全面领导力方法意味着尊重完整的人——与你的利益相关者沟通。你必须真心地对待他们。要采取问询的态度，学习的态度。尽量不要有所戒备。识别隐藏在他们期望之下的真正利益，并不懈地探寻这些利益如何、为什么以及在哪些方面与其他同样重要相关者的利益之间相一致。

谈话、做笔记、思考

做了本章中的其他三个练习，并为每一次谈话都做好了准备，那么，就找个合适的地方，开始与你的利益相关者进行对话。最好让所有对话集中在某几个星期的时间跨度内。这有助于提高你透过部分看整体的能力。

在每一次谈话之后，做好笔记，笔记要包括以下内容：

● 在谈话中最让你吃惊的是什么？如果有这种情况的话。

● 在这次对话中，你们都谈到了哪些内容？

● 你对于你生活中四个不同领域之间的相互影响有什么新看法？

● 产生了哪些创新性的想法？

现在，在你完成了与所有利益相关者的谈话以后，花一些时间看看你的笔记，思考你有哪些收获。用你自己的方式记录下你的感想，或者回答下面这些问题：

● 在不同的利益相关者对你的期望中，有哪些是相一致的？

● 在不同的利益相关者对你的期望中，有哪些是相冲突（对时间的竞争除外）的？

● 你能够想到并打算做出哪些改变来提高一致性，减少冲突，改进你在生活中各个领域里的绩效和满意度？

趁这个机会，和你的教练或者你信任的顾问谈谈你的观察和感想。

第三部分

激发创造力

——付诸创造性的行动

第六章

设 计 实 验

通过创造性行动来创新，你就能够满怀信心地适应新环境。这样，你将成为一个有活力、高效率的领导者。你会在追求目标的同时，不断地对达到目标的手段进行思索。要设计实验，来更好地满足你的利益相关者对你的期望，这需要一定的勇气。基于你在本书前面部分打下的基础，你将在本章学会设计和实施聪明的实验来产生有利于你的工作、家庭、社区和个人的“四赢”结果。这就是伊斯梅尔·哈希米(Ismail Hashemi)所做的。

伊斯梅尔50岁了。他生活在华盛顿特区。他是个热情的人，盯着你的时候，眼神火辣辣的。他的头发卷曲、稀疏，但是他的意大利风格着装或者定制套装总是让人无可挑剔。伊斯梅尔在中东地区一个富裕家庭长大，从来没有为生存努力奋斗过。但是当他的家庭财富崩塌的时候，他发现自己几乎是一夜之间从一个丰衣足食的大学生变为一个居无定所、衣食无落的穷小子。自此，他学会了生存，创造自己的机会，进入了商界，恋爱，然后结婚。他的工程服务公司也欣欣向荣。他在年龄比较大的时候有了两个孪生男孩，他发现自己因为两个孩子的出生而发生了改变。每当他谈起自己孩子的时候，两眼都是泪汪汪的。

伊斯梅尔说他参加全面领导力课程是为了使自己更积极，更有效率。此外，他还希望解决一个棘手的问题：

> 为了做强我的生意，同时做一个好父亲和好丈夫，我能做些什么？生意从身体上和精神上耗费了我大量的时间和精力。我感觉我忽视了家人，但是我不确定能为他们做些什么。我看到有些人放弃了生意，因为他们感觉自己照顾不了家人。更经常的情况是，我看到很多人全身心地投入生意场，以至于他们根本没有意识到生意场之外出现了很多问题。我越来越强烈地感到，我对工作的过分专注使我正在远离妻子和孩子。
>
> 虽然我已经在生意上取得了成功，赚到了很多钱，但是我感觉到自己正失去一些东西，我没有满足我的家人对我的期望，虽然我还没有完全弄清楚他们对我的期望是什么。有时候，我甚至会怨恨自己，觉得我不应该做现在的选择。我不知道自己当初为什么要作出那样的选择。

这是伊斯梅尔一开始参加全面领导力课程时给自己定下的目标（正如你在第一章中所做的）。然而，他说他“害怕再拖下去会阻止我实现我希望达到的目标”。到他准备开始设计实验的时候，伊斯梅尔的目标变得更加现实起来：他全面审视了自己的生活，弄清楚了对他而言最重要的事情是什么。他变得更加全面了:他已经倾听了自己圈子里核心人物对他的看法,看到了他生活的不同领域之间如何相互融合。他的下一步就是要更加有创造性,设计出具体的实验来达到"四赢"的结果:

> 我设计了几个实验,这些实验涉及我生活的所有领域。其中一个实验里,我力图让商业伙伴对公司的运作方式作出改变。为了使这个实验获得成功,我们将使用智能电话——对我们而言是一种新技术——我也将这项沟通技术应用于我与妻子之间的联系。另外一个实验,我要为我的孩子留出特定的时间,这需要提前作出安排,并且雷打不动;还要为我一直以来都缺席的教会祷告留出必要的时间。在作出这些改变的时候,我确信生活中的冲突会更少,我的自我感觉会更好。

像伊斯梅尔一样,一旦完成前几章的内容,你就可以开始准备设计实验以寻求实现"四赢",努力学会如何通过这样做来变成更优秀的领导者,并拥有更丰富的人生。无论你与利益相关者对话是否是带着如何设计试验的想法,你都可以在你们的讨论中来谈谈试验想法的可行性。现在,到了选择最合适的机会,思考行动的计划,制定具体的目标,设计详尽的行动方案的时候了。然后——行动起来!

全面领导力实验的类型

全面领导力实验是一次有计划的变革——一次新的、可行的尝试。它的目标是在你迄今为止学到的知识的基础上，让你生活的四个领域都变得更好。在此大前提下，实验的主要行为会发生在某个单独的领域内，并且让其他几个领域都间接从中受益（例如，提高工作绩效会增强你的自尊心，让你成为一个好父亲和好朋友）；实验的主要行为也会同时发生在多个领域内，并且对所有的领域都有直接的影响（例如，训练你的孩子参加马拉松比赛，而比赛由你的公司组织，旨在为慈善组织募集资金）。这两种方式分别会产生直接或间接的影响。然而，请记住，实现“四赢”的目标是全面领导力实验的主要目的。

在思考如何设计你的实验之前，让我们先来看一下实验的几种不同类型。全面领导力项目参与者可以选择的实验类型就像该项目的参与者一样多。然而，在对上百个实验的具体描述进行了详细分析以后，我的研究组已经发现了几种一般类型的实验。但是，在实践中，大部分的实验通常被描述为两种或两种以上类型的结合体或者混合体。让我们来看一下有哪些一般类型的实验，这可以帮助我们根据自己的情况选择最适合于自己的实验类型。

跟踪和思考

跟踪和思考实验是对在实现目标过程中的活动、思考和感觉进行记录和评估的一种实验类型。这种类型的实验能够强化自我意识，帮助确立优先顺序，进而，弄清最重要的事情是什么。有一个参与者是一家保险公司的经理，同时他也是一个业余运动员。他对自己在家庭和社区两个领域内的表现进行了一个月的跟踪记录。之所以选择这两个领域，是因为他觉得自己在这两个领域内的表现差强人意。他注意到他没有能够在这两个领域内实现既定目标，尽管他已经从体育运动中了解到追赶目标的重要性。

计划和组织

计划和组织实验是指采取设计好的新方法更合理地利用时间，并为未来作出计划的一种实验类型。这包括把“要做的事”用一种新的技术列成表并落实好。这份列表覆盖了你生活的所有领域，或者包括和你的家人一起创造一种“新式的计划”。有一个参与者，他是一家管理咨询企业的负责人。他设计了一个实验，留出了一些“必须保留”的时间给他的妻子和孩子，他不仅仅把这看作是日历牌上的约定，而是在工作和家庭领域里“经过深思熟虑后采取的重新定义自己与利益相关者之间关系的重要举措”。

还原和恢复

还原和恢复实验是照顾自己的身体、思维和精神，以便总是能够集中精力完成任务，并专注于最重要的事情的一种实验类型。个人领域是最容易被忽视的一个领域：你总是能够无需顾虑任何社会反响，就可以取消为自己所做的“安排”。或许这就是这类实验非常受欢迎的原因。这类实验通常都是一些身体恢复性的实验。有一个全面领导力项目的参与者，她是一家高科技企业的销售经理。她为自己设计了一个实验，让自己早一点去上班，从而她能够较早地离开单位，到健身房去，或者和朋友共度夜晚时光。这使得她在白天的工作变得更加有效率，也使她总是能够在下班时及时离开单位。

重视和关心

重视和关心实验是指与大家打成一片，关心他人，重视彼此之间关系的一种实验类型。对人保持基本的尊重就是尊重作为整体的人，这样做能够增加信任。一些全面领导力项目的参与者通过设计实验与同事们一起开展业余活动来达到这个目的。一家化学公司实验室的技术主管设计了一个实验，她为同事们张罗了很多社会性事务，来“提升士气，加强团队合作能力”。她不仅把这看作是提高办公室工作效率的一种方式，而且是每个人享受非工作时间的一种放松方式。

专注和集中

专注和集中实验是指当主要利益相关者需要的时候，能够全身心投入的一种实验类型。有时，为了帮助主要利益相关者，人们会放弃一些特定的机会。当迈克·科恩（Mike Cohen），一个医药销售经理，从他对利益相关者的评估中了解到他每天都将大量的工作时间浪费在“毫无价值”的活动上的时候，他决定更多地对下属进行授权，与此同时，他努力做到对占用他过多时间的无谓请求说“不”。这并不是一件容易的事情，但是这样做的结果是，他不必每天晚上都把很多工作带回家，他可以有更多的时间与妻子一起分享美好时光。他的工作绩效也得到了实际的提升。

透露和行动

透露和行动实验是指将你的事情更多地与其他人分享——倾听他们的意见——因此他们能够更好地理解你的价值观，支持你为实现你的领导力愿景所做的努力的一种实验类型。有效的领导者总是注意培育各种关系。一位高级 MBA 班的学员，他已经退休的父母居住在印度，他对于同自己的父母谈论工作及其所面临的挑战不抱任何希望。但是他认识到，他父亲曾经在美国 AT&T 公司工作了 26 年，他或许可以给自己提供一些帮助。一切仅仅是“时间和称谓”发生了改变而已。通过与父母的交流，他使父母成为自己生活的必不可少的组成部分，也从他父亲多年的工作经验中受益匪浅。

转移和替换

时间转移和地点替换实验是指在一个很远的地方工作或者在不同的时间工作以增加生活中不同领域的灵活性和效率的一种实验类型。这些实验通常会使你对关于工作方法的传统假设提出质疑。有一位全面领导力项目的参与者，他是一家全球性胶水生产企业的销售经理。他设计了一个实验，让自己每周都有一天的时间，在当地的一家与办公室连线的公共图书馆办公，省去了他上下班的长途往返。为此，他不得不打破公司不支持员工在远离公司办公室的地方上班的传统文化，结果证明，这个决定“对每一个人都有好处”。

授权和发展

授权和发展实验是指以一种能够增加信任,"节约时间",提高技能的方式重新分配任务,减少相对不重要的活动的一种实验类型。有一位全面领导力项目的参与者,她是一位投资银行家。她给她的团队布置了大量的数据分析和报告写作任务。这样既让她的员工有机会学习到新的技能,同时她也有更多的时间处理一些更加重要的事情。在这之前,她一直疲于招架,无法处理好很多重要的事情,这让她不堪重负。通过这项变革,现在,她可以有更多的时间陪陪家人,与朋友们交往,在健身房里健身。

探索和冒险

探索和冒险实验是指采取一些创新性的措施开始一项新的工作、职业或者活动,将你的行动与你的核心价值观和领导愿景统一起来的一种实验类型。一家财务服务公司的经理在他的领导力愿景中提出,他想要开一家公司,并且想更多地参与自己所在社区的活动。因此,他加入了一个市政委员会,在那里他发展自己的领导技能。首先,他同企业的公共服务部门的经理谈话,他们一起制定了一个着眼于将他培养成为该委员会委员的计划。这个实验帮助他朝向"寻求成为一位 CEO"的目标又迈进了一步。

总之,有各种各样的可能性!让你激发自己独特的想法,并将这些想法落实为切实可行的行动计划。

产生实验的想法

你所设计的实验必须着眼于改善你在生活中所有领域里的绩效，希望它们可以实现这样一个目标。然而，实际上，无论你是否已经在项目结束的时候实现了“四赢”的目标，更重要的长期结果是：这些巧妙设计的实验为你提供了在未来应该如何做的大量知识。通过实践如何在不同领域之间创造互惠价值，如何获取支持以实现有价值的目标，以及思考事情的经过，你能够成为一位更加优秀的领导者，能够拥有一个更加丰富的人生。为了实现这样的目标，下面将给你提供一些指导。

选择实验的地点，时间和方式

把你的实验作为一个机会，尽管这些实验都很简单，但却让你和他人能够从整个生活的角度考虑问题。对你现在做事的方式进行反思，可以使事情变得更加容易。

利用你的组织

尽可能地利用你的组织（如果你不去办公室，那么无论你是去兼职，去学校，还是在家工作，请仔细思考一下如何发挥不同组织的作用，帮助你实现目标）。然而，当一个实验或许会影响到你的圈儿外人的时候，你就应该把你的行为集中在你能够影响和控制的事情上。

获得利益相关者的支持

你的每一个实验都是一个领导力挑战，都会很自然地遭到某些抵制（又有哪些重要的改变不是这样呢?）。你需要邀请你的主要利益相关者来帮助你。以你的核心价值观和你的领导愿景作为基础，发动一个能够服务于你们共同利益的变革。

分清不同领域的边界让你的关注点更加集中

在你试图弄清楚身边的人对你的准确期望时，你可能已经认识到你花费在其他人和活动上的时间与你真正关注的事情是不同的。聪明地集中你的注意力，你就能够有效地管理你生活中各个领域之间处于不断变动之中的、甚至会相互渗透的边界。新媒介的出现使得各领域之间的边界更加难以界定，但是它也为我们提供了能够使我们的生活变得更加轻松的工具。看看在一个既定的环境中，新媒介对你产生了什么样的影响。

有时候，开放边界，整合不同领域，会帮助你更好地关注真正重要的事情。你或许可以设计一个整合不同领域的实验，把生活中不同领域的活动整合在一起。例如，和你的配偶一起锻炼身体，你就可以把个人和家庭领域结合起来；邀请同事到家里共进晚餐则会将工作、家庭和个人领域结合起来。这种结合也可以是与某一个领域内的利益相关者们探讨另一个领域内的问题，例如，同家人谈论你的工作以赢得他们的理解或者从他们那里寻求建议。当你将某一个领域的技能应用于另外一个领域时，或者当你反复思考某一个领域内的活动如何影响其他领域的时候，你正在从事这种结合活动。因此，你或许会设计一个实验，向你的员工们表明，他们在你公司里的工作是如何让整个世界成为一个更加和谐的地方的。这种结合使得不同领域之间的边界变得更加模糊。

另一方面，还有一些实验鼓励你将生活中的各个不同领域严格分开，以便你能够更好地关注其中的某个领域。例如，你或许决定在家的时候不接工作电话，或者不在上班时间接打个人电话。你或许认为不在家庭晚餐时讨论任何发生在办公室里的事情就能将工作和家庭严格分开。还有一些实验包括行为改变，诸如决定有意识地不将工作中的一些行为准则应用到处理与亲密朋友之间的关系上。例如，如果你是一位习惯于同客户一起来解决棘手问题的管理顾问，在你同亲密朋友的接触中，你会发现他们更愿意把你看作是他们的密友——一位充满同情的倾听者、一位不偏不倚的朋友、一位能够共担痛苦的知己——而不是雄心勃勃的商业伙伴。

全面领导力方法的主要特征就是它能够帮助你有意识地将注意力集中到那些对你而言真正重要的事情和人的身上，也就是说，帮助你弄清楚什么是最重要的。从长远大局来看，它能帮助你让你的行动与内心的核心价值观保持一致；从眼前看，它能帮助你从纷繁的现实中找到重点。但是，我们很难每天都对某些事情保持全神贯注。许多商业人士感到疲于招架，因此我们经常会听到这样的呼声“把我从数字奴役的束缚中解脱出来！”几乎每一个人都在一周 7 天 24 小时的紧张轮回中挣扎着。作为对于这个问题的反应，许多全面领导力项目的参与者开始设计他们的实验，实验的目的是力求更好地做到，当那些真正需要他们的人需要的时候，他们能够将自己的注意力集中到那些人身上。

对于一些人而言，这需要实践一种我称之为“中断能力”——能够策略性地将全部注意力从一个人或一件事转移到另一个人或另一件事上——的艺术。对于其他人而言，这意味着此刻在心理上和身体上都保持全神贯注。例如，在一位医生设计的实验中，当她作为指导老师与她培训的实习医生谈话时，她始终将目光盯在每一个人身上。

当杰夫·格林豪斯和我在研究中发现，在决定你是否能够整合生活中不同领域的时候，集中注意力是一个非常重要的变量。相比之下，时间因素远远没有集中注意力重要。一个领域对另一个领域的心理干预会给我们带来不安感：例如，当你和孩子在一起的时候你会担心自己的工作，反之亦然。

有些人认为把全部注意力集中到其他人身上是一种很有修养的表现。有些则认为这种表现只能是“在当下”，或“在某个时点”，或“在生活的洪流中”。事实上，活在当下，同时却让过去和未来都充满意义，这对于许多人而言都是其精神成长的主要目标。被神学家亚伯拉罕·乔舒亚·赫塞尔（Abraham Joshua Heschel）称之为“时间的建筑”的安息日（Sabbath），就是这样一种方式，人们借此来关注他们生活中最重要的事情，在7天中专门设定一天来实现这个目的。[①]通过遵守安息日，人们从日常杂务中摆脱出来，来纪念上帝创造万物的恩典，追求一种精神修炼和境界的提高。我并不是为了提倡遵守安息日，以及所有那些繁琐细节。然而，我必须指出，在许多宗教传统中，类似的仪式遵守迫使人们花时间振作精神、思考和休息。这样的活动有助于我们思考哪些行为是有成效的，我们应该如何改进实验以帮助我们达到既定目的。

确认“四赢”的可能性

使用头脑风暴法。根据在本书学到的技能，你能够采取些什么措施在你生活的四个领域中产生一些有益的结果？在为期一个月或者更长时间的实验期里，你在现实生活中能够做些什么？

不要担心障碍。我们将很快谈到这个问题。放飞你的思维，尽情畅想，罗列出一个你能够采取措施的单子，用一两句话描述每个实验的主题。花时间设想一下每个实验的美好前景。

詹娜和罗克珊是怎样设计自己的实验的

在詹娜与她的老板的对话中，她非常“吃惊”地发现，她的老板把她当作自己的妹妹看待，非常关心她的个人幸福。詹娜也与她的下属展开了对话，他们要求她给予他们更大的责任，对他们进行授权。在家庭领域，她刚刚知道父亲被诊断为癌症。她认为，为了让生活中各个领域都从中受益，她将要进行的实验，应该是缩短工作时间，甚至停薪留职，以便使自己能够抽出更多的时间来陪陪爸爸。

> 我认识到，要成功地做到这一点，我需要同我的老板进行沟通，同时向我的下属解释我为什么要这么做。现在，我认识到，我必须让他们清楚地看到，如果我这样做了，他们将会得到什么好处。首先，对我而言，这是一个授权的机会，给下属们更大的

责任，反过来这会在他们的职业发展生涯中给他们提供更多发展机会。

虽然，起初我认为这项创新是我在工作上的一种妥协，但是我逐步认识到，这实际上可能是一个提升我的领导力技能的机会。当我在远离公司的地方工作时，我需要找到新的方法与我的同事保持紧密的联系。对于我的下属，我需要尽量给他们授权，确保他们的职业生涯能够随着责任的拓展而不断向前发展。我必须与老板保持密切联系。每一个人都需要知道我正在做的工作的内容和影响。

詹娜正在一步步使她所进行的实验影响她的绩效，并为她带来生活中各个领域上的好处。她将会有更多的时间陪在父亲身旁，而不会有逃离工作的负罪感。她能与父亲更好地交流，甚至经常在一起。她将对自己的状态感到满意，对自己花费时间的方式感到满意。在工作中，即使她经常不在办公室，她也会感到自己的位置是稳固的，同时也不会有任何负罪感。

她不会担心她的下属和领导怎么看她，因为她的做法已经获得了他们的认同。这是与利益相关者共享你的目标的好处之一。让你想要实现的目标从被一层毫无必要的神秘感笼罩的隐秘角落里走向光明之处，人们能够帮助你实现这一切。

在与自己 13 岁和 8 岁的两个孩子谈话之后，罗克珊·帕帕斯·格兰特将实验构建在了从这次对话中了解到的信息的基础上。

我发现周末的晚上是个重要的机会，而长期以来我一直都在浪费这个机会。以往我总是看着女儿读书，看着儿子玩掌上游戏机。我现在计划将我们之间的这种简单互动发展成为一种更加有吸引力的关系，使我们能够一起更加充分地利用好这段时间。如果我做好了，这将会大大地缓解我在周末晚上的压力。而且，我在工作中的压力也会相应减少。我将改变我在休息时间（我的个人领域）所做的事情，以改善我的家庭生活。家里的压力减小了，我就能够在工作中更加投入。然后，我能够制定目标，取得更好的工作绩效。每个人都从中得到了好处——我自己、我的孩子，还有我的商业伙伴。

然而，即使在她开始规划实验的时候，她已经能够看到自己将面临的挑战。

如果我们要在周五的夜晚举办一次家庭活动，我首先必须确保能按时回家。我对于在周五的正常时间离开工作向来是感到很不安的，因此，我必须采取一些新的方法，让我的下属们也参与到我的计划中来。我必须向他们表明我在周五某个特定时间的离开对于他们而言也是有好处的。

当然，我需要我的丈夫支持我的这些想法。我需要找到一些方法来衡量我的新举措是否改进了我在工作领域的绩效。我将询问我的团队成员，他们对我采取的新的衡量工作绩效的方法怎么看。

选择最有前途的实验

在对上一个练习回答的基础上，通过参考下列要点，将你所罗列的名单缩小至三个最有前途的实验：

- 对你的投资给出最全面的回报
- 如果你不做的话，将承受最高昂的代价
- 允许你实践一些你最想发展的技能
- 因为你做了更多愿意做的事，才让你的工作更有意义
- 驱动你直接向你的领导愿景前进

“三”是一个很好的数字。具有代表性的情况是，三个实验中有两个会被证明是或多或少被计划好的，有一个是行不通的。实验不可能总是按计划进行，但是对经过精心设计的实验进行投资成功的概率还是比较大的。“失败”能够产生最大的价值，因为它能够提供最令人印象深刻的学习机会。同时，记住，当新的信息和机会出现的时候，你可以随时改变你的实验计划。

终极实验

我最近选择做的一个实验是要致力于为我们的中学建立一家终极飞盘俱乐部。我们给这家俱乐部起了个名字叫做“巴巴冈诺”(Babaganouj)——这个名字是其中一个少年发明的；我们的口号之一是“传递爱！”。当我的 17 岁的儿子加布里埃尔(Gabriel)参加当地夏季联赛中的终极飞盘赛时，我产生了这个想法。我和他的弟

弟，哈里(Harry)，在场地外看他比赛。哈里即将进入高中二年级，但他还是太小，无法参加这样的比赛。他们兄弟俩都对精彩的比赛充满了热情，整个比赛都洋溢着相互尊重和拼搏的精神(在联赛中，奖励不仅给予赢得比赛的团队，也给予那些最能体现这种精神的运动员)。

我把这看作是一个结合生活不同领域的杂交实验，它混合了三种类型：恢复活力(比赛)、探索和冒险(建立新的俱乐部)、重视和关心(做有趣的事情来加深和孩子们的联系)。我努力让“巴巴冈诺”与我生活的四个领域都建立起联系，与其中的三个建立起了直接的联系。在家庭领域，我在和孩子们一起做某些事情，他们喜欢这样做。在社区领域，我正在帮助人们建立起一个组织，这个组织现在可以为许多孩子提供服务。在个人领域，同孩子们一起锻炼有助于让我保持健康。一个间接的影响是我的工作领域，当我在教书的过程中写作和谈论这个实验的时候，我正在学习如何迎接一个新的挑战。

结果，除了改善我的健康状况，与孩子们共度成长的美好时光，在志愿者组织中学习如何施展影响力以外，我还建立起一家俱乐部。我们都希望它能够维持相当长的一段时间——现在，我们已经吸收了50名正式会员(大大超过了足球队!)，包括一个男孩团队，一个女孩团队，还有一个拉拉队。我们的初衷是让俱乐部得到学校认可，现在我们已经正式成为学校的官方俱乐部了。我们的目标是参加州锦标赛，我们参加了并在第一年取得第五名。我们已经在不止一场比赛中获得了令人垂涎的“精神”奖。不仅学生们喜欢这种活动，许多父母都说参加这个团队是他们的孩子中学经历中的亮点。

在年末举办的团队联欢上，我们的团队赞助者/教练所说的话与本书的写作目的之间产生了强烈的共鸣："巴巴冈诺"的经历已经改变了她理解自己职业的方式。许久以来第一次，面对欢闹的人群，她表示在这个学年末她感觉到悲伤（而不是放松），因为她认识到将不会再有这些出色的孩子到她办公室来谈论终极比赛。

在我开始采取一些小的措施来推动这个有前途的想法的时候，我对于它将会花费的时间并没有考虑太多。我感觉到，这是一个很好的想法，因为它对我的家庭是重要的，我能够尽我所能使它成功，这对我的家人和社区都有好处。这个实验再一次向我表明，当你尽量为那些你关心的人去做一些你认定的事情时，你会而变得更加强大，由此你的付出将得到合理的回报。与此同时，你也锻炼了自己的意志。

制定你的行动计划

思考每一个实验的行动计划。在此过程中，写下你对下列问题的思考。

我建议你的每一个实验的行动计划都要包括以下几个方面：

- 这个实验是如何在本章的指导下一步步走过来的？
- 在以前各个章节的基础上，你希望从该实验中学习到什么？
- 你打算如何从一个领域内获取价值，然后将它应用到其他领域中去？
- 要实施这个实验，你需要什么样的帮助或建议？

- 要实施这个实验，你需要克服什么样的障碍？
- 这个实验在哪些方面是创新性的——对你而言，它新到什么程度？

如果你在和教练一起工作，那么就与他讨论一下你的行动计划。你还可以从www.totalleadership.org或其他地方得到更多建议。

聪明的“小赢”

实验不一定是庞大的，无所不包的。如此设计通常会失败，因为它们太难以驾驭。最好的实验会给你提供一个机会，让你尝试采取新的方式把事情做好，与此同时把与变革紧密相关的不可避免的风险最小化。罗克珊有想法，但也担心：

> 我想通过电子邮件和其他方法来改变我对于面对面交流过度依赖的现状。事实上，我非常喜欢使用面对面交流的沟通方式——特别是与个人，例如与我的老板进行交流。我真的必须强迫自己使用电子邮件。我担心通过电子邮件进行沟通会产生误解，这种心理障碍我一直都很难克服。

罗克珊通过采取相对风险较小的方式成功地克服了这个障碍。一开始，她只选择了自己信任的一两个人作为电子邮件沟通的对象。通过采取这些“小步骤”，她实现了在自己新的既定方向上的渐进式前行，最终使用“小赢”的办法，创造了大变革。

“小赢”是切实可行的。当你做一些你知道自己可以控制的事情时，你就会很容易克服对失败的恐惧。我发现一个虽然极端但很有用的类比：战俘是如何保持神志清醒，并且存活下来的呢？他通过将自己的活动范围、关注点、行为的随意性限定在可控的范围内来实现这个目标。如果他不能控制自己的身体状况，那么他就只能控制自己的思想，然后集中注意力在思想方面。当然，相比于战俘，你有更多的选择。你有更多的决断权，对你是否要尝试一些新事情的决策有更大的控制权，比你或许已经想到的更大。或许当你在与利益相关者进行对话，谈到你们对彼此的期望时，你会认识到这一点。同时，你会发现人们对你的期望比你想象的少得多。

当你采取“小赢”的方法引导变革时，你将行为控制在了可以度量的范围之内。你对于所发生的事情有一个更大的控制感，因此实验本身也就变得很安全。在本章的后面部分，你将为你的实验建立起一些度量手段，这些度量手段会为你提供所需数据，由此发现是哪些因素在起作用。度量手段会告诉你该如何调整你的行为，以实现改进绩效的目的。这样做不仅可以学习领导力，还能以实际行动达到改进的目的，从而发现哪些因素在起作用，哪些因素不起作用。除非你能够及时掌握你的行为所能带来的影响，否则你做不到这些。

很快，你就能够从一些具体的数据上，看到你的行动所产生的结果。通常情况是，你能够看到事情正在变好。尽管一开始你会有所顾虑，但是这样的结果能够帮助你赢得其他人的支持，同时也激励你自己继续前进。“小赢”建立起继续前行的承诺和意愿。成功孕育成功。当人们看到你把事情办得越来越好的时候，你表现得越成功，遭遇的阻力就会越小。

“小赢”方法的另外一个好处是它把紧闭的大门打开了。当你要开启一个新的领域的时候，你可以对那些有可能支持你的人说：“让我们试试这个主意吧。如果它不管用，我们将回到原点或者尝试一些不同的主意。”通过将一个实验限定为一次尝试，你能够减少很多阻力，因为如果人们知道它不是永久性的，如果人们能够根据他们的绩效期望来判断某项实验是否是成功的，那么人们就更愿意尝试一些新的东西。

但是，不要因其“小”而烦恼，这并不等于你所做的改变规模太小或并不重要。你最终会看到改变的成果。大规模的变革往往始于一个大的设想，但却需要通过一些小的步骤来实现。例如，正如伊斯梅尔所表述的那样，他的第一个实验的想法是“重组我的公司，重新定位我在其中的角色”——一切看起来都很宏大。然而，事实上他所迈出的第一步是“小”的，而且是富有成就的。他开始着手改变公司内上下级之间的汇报关系。通过引入新技术，他在公司里推广新的沟通模式和决策制定方式。今天，伊斯梅尔这样描述他的实验：通过赢得小的战斗，从而最终赢得整个战争——这是对这一理念的最好证明。

记分卡——用于度量结果的手段

为你的实验设计好行动计划后，现在你可以开始为每一个实验设计一个记分卡。记分卡能够帮助你明确目标，给你提供必要的信息以帮助你评估实验进度。

定义你在每个领域的目标

有价值的目标对个人而言是有意义的、具体的、难度适中的。在这里，要思考的重要问题是你的创新性举措是如何推动你不断向前，让你变成你想要成为的那种领导者，生活在你想要的那种环境里的。更具体地讲，你将在记分卡上写下的是，你将如何设计实验，以实现让你生活中各个领域都变得更好这一目标。

建立记分卡——目标

下面是一张空白的记分卡，它适用于你的每一个实验。在这个练习，以及下一个练习中，我将会告诉你该如何来填写它。要么复印几张卡片，要么制作几张这样的卡片，在你的每一个实验中，你都会用到它（登录www.totalleadership.org，查看更多详情）。

某些特定类型的实验从逻辑上可以结合成为一个连贯的整体。但是其他一些类型的实验则不行：每天锻炼身体，与你的家人共进晚餐，改变你的工作时间——这三者就不能够结合称为一个单独的实验，它们最好被看作是相互分开的。尽量避免把不同实验的一个大杂烩当作是一个单独的混合物。要对这样的行为区别对待，把它们设计成相互独立的实验。这样做的话，你将会从中学习到很多。而且，你或许会发现，你对于实验最初的想法太过宽泛或者模糊。如果是这样的话，就把原来的计划拆分为两个或者多个更具体的、更容易实施的实验。

首先，在记分卡的上端对实验作了简短的描述。然后，在第一列，写出你在每一个领域内的目标。每个目标都应该有利于该领域内的利益相关者。这或许需要一定的思维延伸，因为这种好处可能是间接的，或者他们可能要到未来的某个时间才能够被看出来。尽你最大的努力，为每一个领域至少提出一个目标。

设计你的度量手段

你像科学家一样在做实验。唯一可能会导致实验失败的原因就是你没有能够从中学习。度量手段不仅可以帮助你了解是否达到了既定的目标，还为你提供学习的基础。如果你想从实验中学习，就需要数据来了解什么因素在发挥作用，什么因素不起作用。毫无疑问，实现你既定的目标要比失败更好。然而，请记住，非常重要的一点是仅仅实现目标本身并不能帮助你成为你想要成为的领导者。要想如此，你就需要学习，从你的实验中学习成功的经验和失败的教训。

建立一套可以信赖的测试系统，你就可以利用它来度量你的行为和结果。**行为度量手段**可以让你追踪实验的进展，这会增加你实现目标的可能性。**结果度量手段**通过表明在你的实验上进行投资会给你自己和你的主要利益相关者带来丰厚的回报，帮助你获得必要的支持。这些度量手段回答了这样一个问题：有什么证据表明，通过我的实验，我已经让事情变得越来越好？

为特定的实验设计度量手段需要一定的创造性。无论当事人是

实验记分卡——特定的目标和测试

实验：

	目标：有意识的影响	结果度量手段	行动度量手段
工作			
家庭			
社区			
个人			

偏重于结果，还是偏重于行为，度量手段都有很大的选择空间。

度量手段可以是**客观的**，也可以是**主观的**。客观的度量手段包括能够被公平地决定的因素；任何观察者都会采取客观的度量手段公平地对你进行评价。相比之下，主观度量手段是建立在感知的基础上。两者都是有用的；重要的是两者都要用在适当的场合。因此，当你在决定是采用客观还是主观度量手段的时候，要仔细考虑每一种手段的优劣，选择便于管理，同时又能激发人们干劲的度量手段。如果你决定从其他人那里取得反馈，就采取了主观度量手段，可通过增加为你提供反馈的人的数量来减少这种反馈本身可能存在的偏见。

对度量手段可以**进行频繁或间断的观察**。实验结果在一个实验周期的最后被度量出来。然而，只要你觉得合适，行为度量手段能够更经常地使用。但是，什么是合适的度量频率呢？经常度量也是一个负担。而如果不常进行度量，你就会失去关注点。仔细思考如何对自己进行跟踪度量是合适的，把这一点明确地写在你的记分卡上。仔细想想你能够在多长的时间内回忆起你做过的事情。例如，如果你要实行节食以提高所有领域的绩效，那么监控你的食物摄入量就是一个重要的行为度量手段。你能够记住你一两天以前吃的食物么？度量手段能够帮助你追踪过程，让你始终掌控你的实验。它能够帮助你唤起变革的意识，这种意识在实验的过程中是很重要的。

你的度量手段能够**通过你自己报告**，也可以**通过其他人报告**。在很多场合，你或许是唯一能够追踪你行为的人，特别是当你的行为主要集中于内心世界的时候（例如：沉思）。然而，在其他场合，最好依赖于别人的观察。例如，当你想要评估一下你的脾气如何的时候。

我们很难看到自己的一些需要改变的行为，我们很容易忽视，或者根本看不到我们对于其他人的影响。请其他人来报告他们对你的行为和态度的感知经常是很有价值的一件事情。

度量手段可以是**定量的**，也可以是**定性的**。你会使用数字或词汇来追踪你的绩效么？在一些场合，将你的想法或感受以日记的方式记录下来或许是合适的；而在另一些场合，使用数字作为度量手段或许是更有效的。数字能够反映出具体的行为或产出，例如你在某一个星期内所打的电话数，你损失了多少英镑，或者储蓄了多少钱。数字也能够用来表达不是那么具体的想法和感受。例如，你可以不用文字描述，而用一个数字等级来度量满意度。

度量手段可以是**具体的**，也可以是**一般的**。关于授权工作的度量手段包括：你是否授权给其他人，你是否每周都授权给其他人，或者你每周多少次将你的报告写作任务授权给其他人。让你的度量手段尽可能地具体，让它能够具体到满足你各个层次的需要。

结果度量手段的实例

结果度量手段是为你的实验而设计的测量措施，其目的是为了产生必要的数据，来看看你的实验是否产生了“四赢”的结果。下面是一些具体的结果度量手段的例子，这些度量手段都是以前的全面领导力学员使用过的，按不同领域罗列。

——工作

- 我们是否提高了客户对我们服务质量的评价？
- 我们是否通过减少出差次数削减了成本？如果是，减少了多少成本？

——家庭

● 我每天和孩子们的争吵减少了么?

● 我是否每周和母亲聊一次天? 她是否感觉到我们之间的关系更加亲密了?

——社区

● 我每周是否都会到青年中心做三个小时的义工?

● 我会将我的孩子丢弃在阁楼里不用的书籍找出来,挑选出其中一些好的,送到妇女收容所么?

——个人

● 我是否一直在加强力量练习,坚持每周多做 5 个俯卧撑,直到我能够一次做 50 个为止?

● 我是否在利用我能够找到的一切机会,每个月都在公众场合至少讲两次话?

行为度量的实例

下面将是一些在不同类型实验下行为度量手段的例子。有些范围很宽泛,有些则很窄。记住,它们仅仅是实例;你的成功依赖于建立适合你自己和你的实验的度量工具。

——跟进和思考

● 我会经常为了另外一项责任而放弃已经计划好的活动么?

● 我会在一周之内将列入名单的"待办事项"都做完么?

——计划和组织

● 我在一周的时间内错过了多少次约会?

● 我用了多少个 15 分钟来制订计划(即每个工作日抽出 15 分

钟)?

——还原和恢复

● 这周我去了几次健身房?

● 我每天晚上睡几个小时?

——重视和关心

● 我每周有多少天同他人一起吃午饭?

● 上周,我和我的孩子在一起待了几个小时?

——专注和集中

● 我曾经多少次把工作在晚上或周末带回家?

● 我是否在谈话时集中精力而不做其他事?

——透露和行动

● 从那些最近几个月我一直都没有联系的人那里,我收到了多少封电子邮件?

● 我每周同家人进行的面对面谈话达到5个小时了么?

——时间转移和地点替换

● 我每周在单位以外的地方工作多少个小时?

● 我一个月有几个星期二和星期四的晚上能够准时回家吃晚餐呢?

——授权和发展

● 我每周会设法减轻工作量么?

● 我是否每个月将两项家务活委托给其他人做呢?

——探索和冒险

● 我的新书写作工作每天都有进展么?

● 我又为我未来餐厅的菜单添加了多少道新菜?

建立记分卡度量手段

在第二列和第三列中，分别写下你在生活的每一个领域里的结果度量手段和行为度量手段。首先，在记分卡的第二列里，对于每一个想要实现的目标，记录下来你将如何度量是否该目标已经被实现。然后，在最后一列里，明确指出你将如何度量你在实施实验的过程中所采取的行为。

激起尝试新事物的愿望

你的行动计划和记分卡都已经准备就绪了。你有前进的意愿么？有意识的变革经常无法得以实现，这不是因为缺少伟大的想法，而是因为缺乏执行力。有三个主要的原因。有时候，人们由于害怕的心理而不愿意开展实验。例如，你或许并不赞成实行灵活的工作安排制度，因为你害怕会被看作是对工作不投入。你或许仅仅害怕听到“不”。在另外一些情形下，你或许会安于现状，因为负罪感会阻止你尝试使用新的方法来做事情；你不想变得自私自利。还有，是忽视或缺乏想象力：你或许没有意识到，实际上还有很多其他做事情的方式。

任何新的事物必定都要引起一些焦虑和不安。你怎样来克服这些束缚，满怀信心地开展你的实验呢？首先，思路要清晰。你需要一个你所坚信的好的想法，必须让其他人也相信这个想法，让他们看到这个想法会给他们带来什么样的好处。如果你正在尝试一些新的、有意思的事情，障碍是无处不在的，尤其是在工作领域中，这些障碍非常容易让人气馁，因为那会影响到你的职业生涯。这就对你的适应能力提出了更高的要求。

当你试图开辟一条新的道路时，你将面对很多未知的东西。在困难面前能够坚持住——有主导变革的勇气——这主要是因为你有明确的目的，冒适度的风险，并且知道如何快速地做出调整。而这一切又是因为你正在为其他人的成功而努力，正在与其他人一起构筑更加紧密的联系，增加每一个人对于一个更大目标的归属感。当安德烈开始实施自己的计划时，他说："如果没有其他人的参与和支持，我不可能取得实验的成功。"他已经找准了目标。

如何继续前进，让我们的变革之旅引人入胜，是我们目前关注的主题。

第七章

与人共舞

在第六章中，你了解到了“小赢”如何能够帮助你在推动变革的同时减少阻力并建立起信任，如何帮助你克服那些经常会阻碍变革的诸如“他们不会让我这样做”之类的问题。在本章中，通过利用你在采取真诚的行动时所产生的见解，你将会在如何下定决心方面得到进一步的指导。你将学会如何从身边的人那里赢得真正的承诺；当你学着走出你身边的小圈子的时候，你将会进一步了解到这样做的好处：当你开始准备实验的时候，这样做是令人鼓舞的。

安德烈的利益相关者对话引出了一个实验，这个实验能够帮助他更好地朝他在启动全面领导力之旅的时候所描绘的那个领导愿景前进。安德烈一直梦想着开一家主要为黑人妇女提供高级美容服务的全国性连锁企业。作为第一步，他设想建立起一个在线社区，其目的是提高他在黑人设计师和美容店老板中的技术水平、财务能力和所有权地位。他认识到，在迈出第一步的过程中，他将会在工作领域中创造出新的部分——真正属于自己的企业。

在他和妻子的谈话中，安德烈了解到她并不关心他赚了多少钱。她认为他赚钱的欲望“太强烈了”。她就想活得舒服一点，能够经常和他在一起。

> 这个实验——创造一个在线社区——将允许我与妻子一起度过更多的时光，这是件非常有意义的事情，这将点燃我们彼此的激情，符合我们的共同利益。一个好消息是，我的妻子很想掌握一点计算机知识。

在和利益相关者对话和分析中，他也认识到，他在做的事情是非常重要的，尤其是对于那些他家庭圈子之外的人而言。

> 我将黑人社区的成员看作我的主要利益相关者。我从大家的支持中，以及从我想要为这个社区带来财富的自我满足感中得到激励。我的实验马上增进了我与利益相关者之间的关系。由于我牺牲了与家人在一起的时间来参加社区建设活动，我妻子很担心这件事，因此我们对于这个项目的共同关注减少了这种担心。我把她也带到项目中来了。

安德烈的实验表明他对于自己生活中的各个领域如何作为一个系统紧紧地结合在一起这个问题有了更高层次的理解。当他开始前进的时候，他非常热衷于取得改变，但是也表现出了一点不安，特别是联系到玛塔：“我对与她一起共事感到有一点不安。如果失败了怎么办？如果她没有实现预期目标怎么办？如果她不信任我和我的愿景怎么办？”

当你开始做某件事情的时候，总是有着各种各样的“如果……那该怎么办”之类的问题和形形色色的阻力出现。如果你不能够很好地应对这些问题，它们将会打击你的积极性。在本章中，当你继续你的全面领导力体验时，我们将进一步探索如何找到前进的勇气来克服这些障碍，无论是内在的还是外部的，这些障碍是领导者在他们的世界中尽力创造可持续变革时必须面对的。

进入游戏！

“小赢”的方法是有效的，因为你是在经过深思熟虑之后才采取行动的，你能够对于它所产生的影响获得及时的反馈，并使用这些反馈信息迅速调整自己的策略，以更好地满足身边人的需要，从而最终在项目结束时实现共赢。如果你依然没有这样做，那么现在就开始。即使你才刚刚开始，也能够帮助你与受到你行为影响的人保持一致，你能够观察到对于那些人而言事情进展的如何，评估是否需要根据发生的情况来修正自己的行为。

实施实验时，要对一些意外有充分的估计，并随时准备根据你了解到的实际情况做出调整。你无法预料到你与利益相关者的利益之间相互作用的种种可能。你会陷入到你以前从来没有预见到的状况中去。例如，当你决定和你的孩子每周有规律地骑一次自行车的时候，你可能会发现事实上他们并非如你想象的那样有时间和兴趣来做这件事情。结果表明，他们有自己的时间表，他们对别人做出了一些你并不知道的承诺。因此,你不得不对此做出调整。或许你可以和你的女儿一起骑自行车去参加她的小号练习课,而不是像你所想象的那样,让你的女儿和你一起去骑自行车。

进入游戏!

行动,调整;行动,调整……

制定了游戏计划,做好了计分卡,就到了开始将你的想法付诸实施的时候了。开始执行你的计划。这样做的时候,你会发现不得不调整计划,并且会持续调整,使你能够一直向着你所选择的方向前进。

无论任何时候,只要你觉得有必要,就一定要和那些受你的实验影响的人进行谈话,了解他们如何看待事情的进展。这些谈话给你提供了获得支持的机会。如果你一直都没有这样做,描述一下你希望你的计划将如何更好地满足他们的期望。仔细倾听,以便更多地理解他们的利益(也包括你自己的利益)是如何通过你所发起的行动得到满足的。方便的话,你可以和他们一起探讨其他的方式来更好地满足彼此的期望,包括进一步推动变革,或者是对你正在做的事情进行调整。记下你从这些谈话中得到的启发。

当你开始采取行动的时候,填写计分卡。如果由于出现了新的信息或想法,需要你对游戏计划或计分卡做出任何改变的话,那么就做出相应的修改。

或者，比如说，你开始在工作中推行一套新的工作汇报制度，以帮助你从日常繁杂的任务中解脱出来。这些繁杂的日常工作让你没有时间来思考长期工作计划。与此同时，你将会拥有更多的时间来陪伴家人，或者去教堂。在做这件事情的时候，你或许会发现你的做法与现行的等级制度发生了严重的冲突，因为在现行的等级制度下，工作层次是分明的，不允许你对已经深入脑海的责任做出改变。因此，你必须根据实际做出调整，采取创新性的方法来推动你所发起的变革。

维克托的一个实验包括每天早晨早起一点，每晚锻炼 20 分钟的计划。他让妻子知道这件事，从而给自己施加压力。但是很快他就认识到那并不起作用；他的早起计划失败了。因此，他调整了方向："我决定调整我的锻炼计划，改为骑自行车，或者在椭圆健身机上跑步，一周四次，一次 30 分钟，具体锻炼时间随机。现在，这个计划得到了较好的执行。"

罗克珊的实验，即同她的女儿塞茜尔（Cecile）在一起度过更多的时间，已经取得了很大的成功。这使她不得不重新思考自己的期望——另外一种调整——她怎样能够抽出更多的时间来，因为塞茜尔还想要求更多。

当你设计实验的时候，你就已经认识到必须思考某一项创新行为——与朋友共进午餐，与妻子一起锻炼身体，探寻开展一项新业务的可能性，或者对工作团队的决策制定过程做出改变——将如何在你生活的所有领域里影响你的利益相关者从而实现"四赢"目标。你或许在与他们的对话中，请求他们为你的实验提供支持，然后，在你的记分卡上，罗列出你的实验能够给他们带来的种种好处，即使有些好处暂时还看不出来。进行这样的思考，有助于你在开始执行计划之前，做出积极的调整，以保证你的计划能够更好地满足利益相关者的需求。然而，既然你正在进行这种思考，正在以一种全新的视角看待问题，那么，再次对实验进行检查和做出调整就是有用的。

你能够确定的唯一一件事情就是，你将不得不做出调整。事实上，你必须持续不断地做出调整。这是一件好事情。作为领导者，在你的生活中激发创造力是非常重要的——通过付诸创造性的活动，来探索如何把事情做得更好。能够根据新的信息和新的机会及时做出调整是一种技能。无论是现在还是将来，实践都将会使你变为一个更加自信的变革型的领导者。

利姆的实验是仅仅在他的第一个孩子出生后不久进行的，当时为了参加芝加哥马拉松比赛，他与他的老板去接受训练。

> 告诉我的利益相关者我正在从事的事情会给他们带来什么样的好处，这对于确保我事业的成功非常重要。一旦我开始接受训练，我的妻子乔安娜(Joanna)就比以前更关心这件事情。她一直说，我们有了第一个孩子这件事情，应该激励我们继续保持我们家庭参加芝加哥马拉松比赛的传统，而不应该成为一种羁绊。然而，仅仅在孩子降生后的几个星期时间里，这个话题就变得越来越沉重。那些我们过去参加马拉松比赛的珍贵瞬间不会成为我们20年后的回忆吧——直到那时，我们才能将孩子送进大学！
>
> 她疑惑地问，现在是否是接受马拉松训练最好的时机。当我们将要在午夜时分爬起来照顾孩子的时候，我还要去接受每

天15—20英里的长跑训练是否合适？乔安娜担心我的训练时间无法得到保障，弄不好会伤到自己的腿。然而，在我与她谈话中，她不经意之间透露出她的担心。要知道，她可是我的头号利益相关者。于是，我向我的全面领导力教练寻求帮助。一位教练问我：我妻子真正关心的事情是否是，如果我在我们的孩子刚刚出生一个月的时间去参加训练，我就无法担当起她所希望我担当的丈夫和父亲的角色？坦白讲，我一直没有仔细地考虑过这个问题。虽然我的妻子真的害怕我受伤，她最大的疑虑还是在于她认为马拉松现在并非是最重要的事情。

这件事情让我看到了向乔安娜展示'小赢'的重要性。我需要将大任务分解为一些我能够迅速完成的小任务，向她表明游戏计划、度量手段和一些重要事项都已经准备好了。对于她而言，要让她看到事情的进展，以及她能够如何分享其中的好处，这一点非常重要。

通过在开展实验的过程中与他的妻子谈话，利姆明白了，他所需要做的事情就是确保得到她持续的支持。同时，工作中的很多状况也都影响到他的计划，他需要做出及时调整。

我越跑越有劲。在6周的训练中，我减掉了6磅的体重，工作起来更加投入。但是我的老板小腿骨折，因此不得不暂停训练。我同他谈话，问他我能怎样更好地帮助他。我使他相信，如果他决定取消参加马拉松比赛的话，我可以理解。他很感谢我的关心，他承认从来没有其他下属这样关心过他。谢天谢地，他不久之后就可以下床走动了。

让其他人参与到他的实验中来，总是保持着旺盛的好奇心，努力为其他人带来好处，这使得利姆取得了意想不到的收获，正如两年以后他所讲述的：

对于我的下属和沃顿商学院的朋友来说，一起跑步并谈论我的实验总是让我为之一振。事情总是传播的飞快，无论我走到哪里，我都会听到关于马拉松比赛的一些令人吃惊的问题。通过参加马拉松比赛，我收获了持续至今的友谊。

在工作中，跑步训练给了我一个建立信任的机会，让我有机会了解我公司里的人们对于自己的职业生涯的规划，以及一些他们最不愿意面对的事实。一个年轻的员工有个想法，他想为我们公司招募大学生。他非常想知道我是否支持他的想法，是否允许他做下去。我对他的做法表示了支持。当我们所有人都在丰富我们在办公室以外的关系的时候，每个人都发现把他们的想法说给我听是很安全的，因此他们也都愿意与我分享新观点。我的老板和我的搭档都看到我的团队的士气、利润水平和全面绩效在公司里都是第一。采用与员工一起跑步这种创新性的方法就是我取得成功的法宝。

最后，我已经准备好参加马拉松比赛了，因为我的妻子在整个训练期间对我都很支持。乔安娜原本只想观看的，但我跑到

13 英里的时候，看到我落在了后面，就在没有任何准备（她一直都是一位出色的运动员）的情况下冲进了赛道。虽然她才刚刚生完小孩 4 个月，但是她陪着我一直跑到了终点！

虽然我的老板和我现在都已经去了别的公司，但是我们之间的友谊因为这次特殊的经历而历久弥坚。

利姆，一位优秀的实验者——实际上是一位科学家——在整个实验的过程中，他都在搜集数据。当他搜集数据的时候，他使用新的信息；当他推动自己的计划的时候，他充分利用机会，赢得其他人的支持。

仅仅通过直觉来调整实验是很困难的。在我进行长跑训练的时候，度量手段能够帮我测算速度；或者在我训练的那段时间，度量手段能够让我及时获悉公司按月收入的变动情况；或者度量手段能够帮助我随时弄清楚，在关于马拉松比赛的话题上，我和我的老板之间的电子邮件往来情况。用图表来记录我和妻子每周去健身馆的次数也是很有效果的。它能够帮助我们形成有规律的运动养生习惯。

利姆的例子表明，要改变你的世界，你就必须在朝着选定的方向前进的时候，去关注发生在你身边的事情，并随时根据情况的变化做出调整。你必须让那些你关心的人从你的实验中得到好处。

领导力飞跃

当你能够进入到人们内心世界的时候，你就实现了我所谓的“领导力飞跃”。莱恩·施莱辛格（Len Schlesinger），有限品牌公司的副主席和首席运营官，最近在沃顿商学院的一次课堂上，用一种直接和非常简洁的方式阐释了“领导力飞跃”的内涵：“它不是关于你的，而是主要与你身边的人有关。你学到这个经验越快，你就会变得越好。”

你很容易陷入自己的思维定势，因此错过了关注的机会，忽视了其他人对你的需求。但是，现实世界是由相互依存的人组成的，你必须把你的想法同人们的需要联系起来，因为你需要依靠他们的帮助来实现你的目标。当你这样做的时候——当你花时间来思考如何让自己的利益与其他人的利益保持一致，并且据此调整你的行为的时候——你就更有可能实现你的目标。

正如你在利益相关者对话里所做的，领导者通过其他人的眼睛来看世界。同你现在通过实验想要实现的一样，他们的目的是让身边的人都过得越来越好。看起来似乎自相矛盾的是，你越少考虑自己的利益，越多考虑其他人的利益，你就越能够最终得到更多的利益，无论从长期来看，还是从短期来看。

当其他人仅仅看到“我”的时候，领导者却看到了“我们”。“我们”的概念超出了所谓的最亲密、最密切的关系，因此能够激发更大的成就。U2 乐队的主唱，同时也是社会变革运动的倡导者——博诺（Bono）——是一位摇滚巨星，当然，他主要的事业是音乐。但是，在工作之外的时间，他会全身心地投入到帮助那些需要帮助的人这项工作上。百事可乐公司的CEO英德拉·努伊(Indra Nooyi)现在正在追求“有目的的绩效”。当然,她想要赚钱,但是她通过为世界提供健康食品的方式来赚钱;她希望,反过来,这样做的结果会让她的整个生活都变得丰富起来。

从利益相关者评估及对话中,大多数全面领导力参与者渐渐地认识到,为人服务的领导最终都取得了成功。当你设计、特别是实施你的实验的时候,你就会越来越清晰地认识到这一点。最好的实验是不但获得所有利益相关者的同意,而且通过改变他们的世界,让他们得到实实在在好处的实验。你能够通过选择做一些其他人至少和你一样关心的事情来展现你的领导力。这会增加你成功的机会。

思考一个实验,这个实验的内容是你每周只需要外出工作一天。如果你的老板相信你能够待在家里做好工作,负起应负的责任,并且支持你的行为,那么,你认为你的实验可能会成功么?如果你实施了这个实验,那么它给你的老板所带来的好处至少要与给你所带来的好处一样多。为了让这一切发生,你必须相信这件事情对他有好处,而且对于你的其他主要利益相关者也有好处。如果你连你自己都说服不了,那么你不可能说服其他人。

在维克托的一个实验里,他采取了一些重大的措施,来克服那些阻止他尝试新事物的障碍。

我的目标是将我的工作范围从一般性管理和项目管理扩展到能够与我工作领域之外的团队进行协同工作,目前这些团队正在为我们公司建设一些新的系统。必须要有一些人去给新的系统制定发展方向，我想要挑战我自己，离开我熟悉舒适的工作岗位，在新的工作中去开创更大的满足感。我希望我在工作领域里的表现能够对我生活中的其他领域产生积极的影响。

我不得不在很多场合分别同我的老板、同事，以及其他人解释我这样做的理由，我要让他们接受我的想法。我也必须对我的新角色做出一个公开的承诺。我通过将我当前的一些职责授权给我的员工，来为这项新工作打下基础。我找到很多方法给我的员工创造更多的机会，以帮助公司更好地实现服务顾客的目标。授权行为提高了全体员工的士气；他们感受到了更多的参与感。

我的老板逐渐发现，不仅他和他所管理的其他人将会从我们的新业务系统的发展中受益，而且如果我拓展了我的工作范围，对大家都有好处。这会产生全面的影响。事实上，我的实验变成了他的实验，以及我的同事们的实验。

当你确实相信你是在为他人做事，你就不会在做一些看上去好像对你有利的事情时产生负罪感。在《工作和家庭：伙伴还是敌人？》一书中，杰夫·格林豪斯和我注意到，母亲为照顾自己花费的时间越多，她们的孩子在情感方面就越健康。[2]这意味着一个母亲去健身中心不应该有负罪感，因为你知道你正在为了你的孩子而做一些积极的事情。在为其他人做事情的时候，你需要照顾好你自己——你的实验应该反映你的实际情况，应该“力求真实”。

在实施实验的时候，你正在利用机会来尝试一些新的做事情的方法，其目的是为了向你的领导力愿景迈进；与此同时，你也正在提高你的行为能力，提高你在生活中所有领域里的满意度。要相信你的目标将增进你所有的利益相关者的利益，只有这样，你才能够成功地赢得他们的支持。你将实现的成就远远地超出了你自己的需要——那是一个更大的目标。

要有政治手腕

在你行动时，要讲究一定的政治手腕——也就是说，你要为了集体的利益服务，要让其他人看到他们的利益会因为你的行为而得到改善。正如德怀特·艾森豪威尔（Dwight Eisenhower）总统的名言，"领导是一门让其他人心甘情愿地做你想要让他们做的事情的艺术。"为了集体（可能是你的家庭、公司或者社会团体）的利益而采取行动会增强你在群体或组织中的的影响力。然而，许多人将政治手腕看成是操纵。但是正如乔尔·德卢卡（Joel DeLuca）在他《政治智慧》（Political Savvy）一书中所观察到的那样，在政治上成熟的人不会出于自私而暗中操纵。他们关心的是能够增进其他人和其他组织的利益。他们在政治阻力面前不会退缩，而是会通过寻求一些新的方法来克服这些障碍，其目的是服务于那些围绕在他们周围的人的利益。在这里，他所谓的"开明的自利"实际上是对"四赢"的另一种表述。[3]

德卢卡解释了传统的政治观点如何阻碍我们采取能够产生积极变化的行为。太多的人不愿意倡导他们自己的观点，因为他们害怕被看作是在为自己谋好处。这就是"道德障碍"：认为"操纵"其他人是错误的。在其他场合，你放弃了领导的机会，因为你没有认识到通过积极的活动让其他人站在你一边的重要性。当你相信你的想法是非常好的想法，但是如果其他人不这么看，你就会抛弃那个想法的时候，你就遭遇了“理性障碍”。这两种障碍都必须克服，因为它们阻碍了我们采取创新行动。

操纵行为只有在你只想为自己的利益服务，而不想为其他人的利益服务时才会出现。结果，如果你没有让自己的利益与其他人的利益趋于一致，你将不会得到关键性的支持来进一步满足你自己的利益。

维克托谈到了他对于这个经验的理解：

> 我实施试验计划时，遭遇了一些阻力，甚至遭到一些人的冷眼。我已经了解到，如果我能够坚信正在做的事情不仅对我有利，而且对我的利益相关者也有利，那么我就能够以某种方式同他们进行沟通，取得他们的支持。
>
> 我用了些时间同人们谈论我们将要建设的新系统，倾听他们在新系统建设中的利益诉求，这一行为在工作中所取得的积极效果令我感到震惊。

维克托通过坚信自己的目标，并且同利益相关者进行积极的对话，让自己的计划对外开放，而不是遮遮掩掩。这个举措建立起了信任，赢得了一片支持的声音。然而，通过简单地谈论他想要实现的目标，维克托产生了真实的变化，作为一位领导者，他更加了解自己了。正如德卢卡的研究所表明的，在政治上有智慧的人明白，犯错误并不意味着失败；他们相信，唯一的失败是不能够产生影响。换句话说，即使你的实验最终失败了，仅仅采取创新性的行为来创造一种与众不同也是值得的。当你采取行动改变你的世界的时候，你会像其他人一样，重新认识你自己。

回想一下你在第二章中是如何描述领导者的。我敢打赌，你所敬仰的这个人，他/她一定采取某种方式做了一些让这个世界变得更好的事情，实现了他/她的生活的精神目的，即使是以某种非常微小的方式。一位领导者必须关心如何为其他人的利益而做出改变。领导者们在领导愿景的指引下采取措施来改进这个世界。你所敬仰的领导者是采取操纵行为，还是为了集体的利益而采取行动来取得支持和影响其他人？

满足利益相关者的需要

在你整个实验期间的任何时候，你都可以做这个练习。这个练习是对上一个练习的延伸。在这个练习中，你需要来看看自己对试验所产生的影响的反应。

再次思考对于受到你发动的变革影响的人而言，他们的利益诉求是什么，考虑一下应该如何来提高你成功的机会。而且，你觉得你是否已经满足了他们的利益？

思考下面这些问题，然后同你的教练或者任何你信任的人讨论这些问题：

- 首先，找到一些特定的做事的方法。通过这些方法，受到你的变革影响的每一个人或群体都能够从你正在做的事情中受益。然后用一两个句子描述一下你对该作法的看法。

●如果你对于正在做的事情感到自豪，请写出你自豪的理由，同时集思广益，看看为了增强这种感觉，你还能做些什么。如果你一无所获，那么请思考一下你需要哪些信息才能够产生那些想法？你如何才能得到那些信息？从谁那里可以得到那些信息？

●如果你对于正在做的事情感到有负罪感，或者感到害怕，请写出你的理由，然后集思广益，看看为了最小化这种感觉，你能够做些什么？如果你一无所获，那么请思考一下你需要哪些信息才能够产生那些想法？你如何才能得到那些信息？从谁那里可以得到那些信息？

根据你现在所掌握的情况，作为一位领导者，为了增进你的自信心，创造出有意义的变革，你还有哪些其他的好主意？

在政治上聪明的人还有一个优点就是他们更有可能赢得信任，而不是失去信任。他们分享成功，让身边的人展示他们自己的能力，帮助他们建立起自信心。他们使伙伴们成为胜者。这强化了他们乐于助人的声誉，让其他人把他们看作是可信赖的、值得帮助的人。找到合适的机会，对那些为你正在做的事情做出贡献的人进行公开表扬，是一个非常好的主意。

互惠互利

我们已经了解到在领导变革的时候，“小赢”的方法如何帮助你实现更大的目标,以及如何确保其他人将你的实验看成是他们的实验。但是,要想在你的生活中产生“四赢”的结果,你需要建立起一个涵盖你生活所有领域的支持性的关系网络。

利用你的实验来增强这些关系,从而实现建立起一个支持性网路的目的。这是一个良性循环,当你的表现越来越好的时候,这个循环会得到不断的加强:现在为其他人做事情,赢得他们的支持,争取在未来有更大的作为。

帮助其他人取得成功的一种方法是在人们之间建立起广泛的联系。这是一条互惠的法则,是社会资本之源。社会资本是指我们存储在关系网络之中的随时可得的资源。“这些资源包括信息、观点、指导、机会、财务资本、力量、情感支持,甚至还包括善意、信任和合作”,韦恩·贝克(Wayne Baker)在《借助社会资本实现成功》(Achieving Success Through Social Capital)[4]一书中对此作出这样的解释。

成功的领导者会有意识地培养自己的关系网络,这些关系网络能够帮助他们实现目标,完成任务,识别愿景,为世界做贡献。几乎所有的全面领导力项目的参与者都表示,他们的利益相关者对话和在他们的实验中其他人的积极参与,都在一个更加丰富的关系网络中建立起了更强的联系。之所以会这样,是因为全面领导力项目强调要让其他人过上更加美好的生活。当你按照这样的思路开展行动的时候,互惠法则就有可能生效了。

互惠是一个通用的概念,是人类关系的一个本质属性,其中包含着这样的矛盾:通过“给予”来“索取”。当你帮助其他人,却并没有期望得到即时回报的时候,你就是在施展互惠的力量。世界上大部分的宗教都教给我们这样一个道理，即“给予”要胜过“索取”。然而，对于我们中的许多人而言，事实上，“给予”要比“索取”更难。在我的课程上，有一个关于社会资本的练习。在这个练习中，每一个人都要在某件事情上请求帮助，然后，所有的人都为他提供直接（我能怎么帮助你）或间接（我将介绍给你某个人，他能够帮助你）的支持[5]。几乎每个人都很享受“给予”的过程，但是我们发现“请求帮助”的过程却让人有些难为情。他们认为“给予”是更好的，这不仅仅是因为它引发了互惠；而且因为它让大部分人感到舒服。这样的行为建立起了我们与其他人之间的联系，增强了我们的归属感。

此外，建立更强的关系网络最有效的方法是要真心实意地为其他人的成功做些事情，而不是想要从其他人那里“索取”某些东西。正如约翰·F.肯尼迪（John F. Kennedy）在一个精彩的演讲中所宣称的意识形态那样：“不要问国家能为你做些什么，而要问你能够为国家做些什么。”你的实验是你为其他人做一些事情的机会，因此也就会引发长期的互惠效应。

联系其他人，让你的世界更小

我们人类倾向于建立起紧密联系的网络——也就是说，由与我们相似的、彼此熟悉的人组成的网络。我们喜欢抱团，感到与跟我们长相和行为方式相似的人在一起是最舒服的。如果你在建立网络的时候采取一种开放的心态，同你并不认识的人和群体之间建立起某种联系，那么你将受益匪浅，即使这需要你跳出你正常的社会圈子。有研究表明，当你拓展接触范围时，你就提高了从网络中获取资源的能力。不要担心那样会有数不尽的群体等待着你去加入，而应该积极地加入你身边的各种群体中去。不要伪装：加入到那些正在向目标迈进的人当中，因为这些目标对你而言意义深远。

社会资本是一项耐久的、终生的资产，并且会随着时间的推移而不断增加，因此发展社会资本是一项非常好的投资战略。有意识地去寻找一些方法将你身边的人联系起来，让你的世界变得更小：将你身边的人联系起来，你就会从中得到好处，这就是为什么开放的网络要比封闭的网络更胜一筹。当你身处一个开放的网络之中时，你就能够去填充网络研究者们所谓的"结构洞"。让我们以约翰和玛丽为例来说明这个问题。虽然他们彼此并不认识，但是你要相信将他们两个人联系起来会使两人都从中受益。引见他们认识，你就已经在你的网络中填充了一个结构洞。

约翰和玛丽或许开始在一个项目上开展合作，或者彼此之间开始建立起友谊。你怎么看那个结果？或许很好，因为你已经让这个世界增加了一份联系。但是更重要的是，他们怎么看待这件事情？十分有可能的是，他们也觉得这件事情很好。他们要感谢你，因为是你把他们联系到了一起。你通过发挥桥梁作用填充了结构洞，将本来应该联系在一起，却没有联系在一起的两个人联系了起来。你已经利用了你的世界里一个潜在的机会；因为你已经尽力帮助了别人，互惠法则可能很快就会显现威力了。

当然，并不存在任何理由来限制你生活中不同领域里的人之间建立起某种联系。有很多机会可以帮助你生活中不同领域的人之间建立起联系，你只需要通过观察来找到这些机会。事实上，全面领导力项目的好处之一就是，因为你一直都在关注如何让你的各个领域之间互相融合，共同发展，所以你更有可能看到将你生活中不同领域里的人联系起来的机会。

找出你的网络中缺失的片段
为了更好地认识你的网络如何为你提供充足的支持，帮助你成为一位优秀的领导者，并拥有一个丰富的人生，你最好先找出你需要依靠的群体。 你已经识别出了你的主要利益相关者，你的直接和亲密的圈子。迅速地审视一下你当前的网络，看看为了培植这个网络，你需要做些什么，然后思考下列问题，并写下答案： ● 你应该加强哪些联系？你应该在哪些环节上减少时间和精力的投入？ ● 在某些特定的方面，哪些网络能够为你提供帮助？ ● 谁能够帮助你发展你所需要的技能和能力？ ● 谁能够为你提供策略性的个人忠告？ ● 对你而言谁是那些能够在重要问题上影响他人的人物？

信任市场

如果你不能让人们信任你，那么你就不能够成为一位领导者，因为那样你就无法通过其他人来做事情。你为其他人做的越多，你就越会被那些认识你的人所信任，间接地，你就会被越来越多人所信任。你的良好声誉会迅速传开。

培育社会资本会提升你在信任市场上的价值。也就是说，当那些看到你正在为了他人利益而奋斗的人越来越信任你的时候，你的声誉会变得越来越好。如果你首先想到的是“给予”而不是“索取”的话，人们就更加有可能喜欢你，并给你提供支持。当你为其他人创造价值，并把他们联系起来的时候，你就会提升你作为一个值得信任的人的声誉。

培育信任的一个方法是给其他人授权，并帮助他们成长。詹娜用心倾听公司里的人的心声：他们坦率地问她为什么不给他们授权，而是“浪费她的时间”去做实际上并不需要她做的事情。她发现，她需要设计一个实验，来给予她的团队成员更大的自主权，从而使她能够集中精力思考一些战略性的问题。与此同时，这样做还能够提升团队成员对她的信任。同样，伊斯梅尔认识到，“只有当我信任身边的人时，一个好的目标才会起作用”。他改变了公司的决策制定结构，将权力下放。而在以前，所有的决策都是由他一个人做出的。在做这件事情的过程中，他开始建立起一个更加强大的，更加值得信任的领导团队，与此同时，他能够为自己生活中其他重要的事情腾出更多的时间。

创造不同，超越你所能见

如果说所有伟大的领导者都有一个共同点，那就是，他们都会用自己的激情和对目标的执著来激励其他人。他们热爱自己正在做的事情，而他们正在做的事情也正是他们所热爱的。人们不仅想要分享他们的成功，同时也想分享他们的激情。那么，这些激情来自哪里？那些伟大的领导者们如何把这种激情灌注到生活当中？激情来自于他们的正直——一种作出奉献，建立联系，增加人们归属感的强烈愿望。激情来自于他们的真实——承诺采取有目的的行动。

事实上，我们很难看到一个没有目的感的人会成为一位真正的领导者。领导者对于理想的承诺不仅会激励他人，而且还会在他们遇到困难时，为他们带来继续前行的勇气和决心。当你力求真实，按照你的价值观采取行动，尊重他人，愿意为他们奉献，并且实施创造性的变革为他们带来好处的时候，那么你就更有可能和你的主要利益相关者建立起有意义的联系，而这也正是伟大的领导者所具备的特点。

仅仅超越你的小圈子，思考你的日常行为对于利益相关者的影响，你就能让这个世界变得更好。做这件事情有很多非常简单的方法。设计实验时，你必须考虑你的社区领域。甚至，即使你在实验中采取了一些小的、间接的方式来积极地影响你的社区，这对于你如何将自己看成一个领导者也是非常重要的。

现在，好好地看看你的社区领域。你或许仅仅（然而却是非常深刻地）思考了你的工作和职业怎样、或者更好地改进你的世界。但是，它或许意味着更多。你或许开始更多地关注你的企业的社会责任。或许在一个更小的范围，你会重新思考你作为一位父亲的角色：如何更好地抚养你的孩子，与此同时，让你的企业产生更好的效益，对社会更有意义。

当你实施实验时，记住你在这个世界上除了家庭领域、工作关系和直接社会网络之外的那些角色。当然，对于选择社区领域，你不必用任何特殊方式来解释其原因，也不必采用任何特定的价值体系来对此做出所谓判断，也不需要用生活的任何其他方面来进行对比考量。投资于社区领域意味着你加入一个当地的委员会，关心邻居和朋友，花时间关注环境问题，特别是加入宗教或政治团体，或者捐钱给慈善机构，去帮助那些不幸的人。它或许也意味着你可以根据它的最终社会影响来衡量你的工作价值。在你的实验里，你越关注社区领域，你就越有可能提升你的有意义的目的感。在看到实验不断向前推进的时候，你会备受鼓舞。

发展你的网络

你的实验有丰富你的网络、为你赢得支持的潜力。反过来，这将会强化你的实验动机。仔细思考下列问题，并写下你的答案：

- 你将如何分享成功的荣誉？
- 你的实验将如何为你提供机会，拓展你的接触面？
- 你如何为了共赢的目标而将你生活中不同领域里的人联系到一起？
- 你的实验如何填充结构洞，并让这个世界变得更小？
- 你的实验如何在你的工作、家庭和朋友圈子之外，为你提供机会去做出贡献，并让你感受到了更大的归属感？

汲取力量，把你的思想贯彻下去

在全面领导力实验中，人们通常都会遭遇到变革的种种障碍：害怕、负罪感和无知。你不断地做出必要的调整，确保各方都成为赢家，从而为你的变革行为赢得支持。你设法让利益相关者参与到你的实验中来，努力实现更大的绩效目标，提升你在生活中所有领域内的满意度。你实现了你的成功，因为：首先，你仔细思考了该如何采取行动才能让你的行为和价值观更好地统一起来（由内而外地看问题），第二，你思考了如何为他人的成功提供帮助，以此来建立信任，赢得支持（由外而内地看问题）。

人们希望看到他们生活的各个领域之间正在以一种有意义的方式和谐相处。他们希望他们正在为自己的直接圈子以外的人的利益做贡献。利益相关者分析发现，我们生活中不同领域之间的人和利益是相互关联的，是一个更大的社会网络的微观部分。对于许多人而言，他们正是通过将社区纳入利益相关者分析的范畴，并开始分析他们的所有的利益相关者之间的关系，从而实现了认识上的转变——从他们的小圈子拓展到超越日常所见的世界。很快你就会看到你自己是如何拓展你的小圈子，从而去结识更多的小圈子以外的其他人。你越是牢记这一点，那么当你在实验的道路上遇到困难的时候，你战胜困难的决心就会越大。

当你在尝试新事物时，你必须弄清楚其他人在关心些什么，这样你就能够及时调整你的行为。你必须知道他们信任的人是谁，这样当你想要施加影响力的时候，你就会知道其对象是谁。有了这些知识，你就能够迅速实施你的创新性想法，让那些彼此信任的人们更容易接受你的想法。

当大家都知道你在为了彼此共同的成功而努力的时候，当你在你生活的各个领域中都被看作是一位可以信赖的人的时候，你将有更大的机会获得社会资本的一个最重要的好处：你将知道谁信任谁。接下来，你将会更有可能取得成功，找到更聪明的途径来赢得别人对你的想法的支持，进而帮助你把一切事情越做越好。

第八章

结语——思考和成长

全面领导力方法并不会因你实验的结束而终止。这仅仅是个开始。成为一个优秀的领导者，拥有丰富的人生，这是一项长期的课题，我希望你的余生都一直沉浸在这个探索的旅程里。只要继续保持真实、完整和创造性，你将会增加实现“四赢”的机会——在你生活的各个领域里都表现卓越，幸福美满。

要想成为一个优秀的领导，你就需要不停地思考——细细体会你的实验，然后找到一些方法来增加你的影响力。然后，总是保持最好的状态。如果你能够将实验中所学传授给别人就更好了。只有当你花时间认真思考什么因素在起作用，什么因素不起作用，以及你可以在将来做出什么样的改变等问题时，通过这种方式——也就是**行为学习**，在本书中你一直都在实践的方式——来学习领导力才是有效果的。在你倾注了大量心血的学习和绩效改进的过程中，经常回顾已经学到的东西非常必要。如果你很少进行思考，就无法将这些经验消化，它们就不会持久。

利姆，一个天性乐观的人，将他的每一次实验都看作是一次冒险行为。通过回顾过去，他认识到坚信自己目标的重要性。

> 现在，我清楚地认识到，必须相信自己的实验。我相信我自己；它们真正地反映了我的生活和我的价值观。我认识到，除了努力获得成功外，我没有其他选择。当我把我的观点告诉人们的时候，我热情满怀。他们看到了我的行动。用新的方式来表达内心真实的激情，这能够帮助你在困难的时候保持向前的冲劲。

当你对自己追求的目标满怀激情时，其他人是可以感觉到的，而且他们也会得到激励。强烈的承诺会给你信心，鼓励你千方百计地找到方法去消除横亘在新事物发展道路上的障碍。当利姆思考他的实验，以及这些实验所传授给他的关于领导力方面的知识时，他越来越清晰地认识到了这一点。而这些，也正是你在本书这最后一章里要做的事情。

在最后一部分，来看看自从你开始阅读本书以来，都从中学到了什么东西，以及这些东西对你的未来有什么样的影响。它不仅意味着对照记分卡详细检验实验，看看你究竟在多大程度上实现了"四赢"目标，更重要的是，它还能表明你对自己、利益相关者，以及成为一位享有丰富人生的优秀领导者了解多少。最后一章将会帮助你为你的领导愿景提供更进一步的支持，并且会通过讲述你的领导力故事的方式，将你从实验中所学的东西展示给其他人。

实验开始后的六到八周是你对实验进行反思的理想时机。你已经设计了实验,并且付诸实施。你已经沿一个新的方向前行了一段距离。你或许一直在与作为教练的同事或朋友合作,或许在www.totalleadership.org上与其他人一起分享你的感受。现在,你将用新的眼光来看待你所做的一切。

对你的进展进行度量能够促进你进步。回答我在这个阶段所提出的问题或许会触痛你,但是我确信这是值得的,因为对于你已经取得了什么样的成绩,以及在你生活的各个领域中如何成为一位领导者,你都将获得新的观点和能量。

然后,让我们沿着相反的方向,从你的实验结果开始往前追溯,分析你在满足利益相关者的期望方面的绩效改变情况,看看在你生活的各个领域之间的满意度和重视程度的对比情况,最后返回到你的起点——看看你在第一次看到本书时想要追求的目标进展到了什么程度。在总结了主要教训之后,你要回顾和思考一下如下问题:通过系统性地采取措施以追求"四赢",过去你是如何成长为一个领导者;现在你是如何更加熟练地使用真实、完整和保持创造力三大法宝;你将如何制订计划以持续发展自己的领导能力。

回顾你的目标和度量手段

当你设计实验时,你为每一个实验的每一个领域都量身制定了目标,以及相应的结果度量手段和行为度量手段。如你所记,行为测量手段可以追踪你的行为过程(例如,你做某件事的次数);而结果度量手段则可以为你提供证明,即你已经实现了你的目标——或者没有。

伊斯梅尔一共做了三个实验。第一个实验是重组他的公司，重新定位了自己在公司中的角色。他看到这个实验"提供了一种（我逐渐认识到的）我所需要的机会，帮助我加强与生活的其他领域之间，与那些对我而言重要的人之间的联系。我需要时间和精力来做这件事情。"他的第一个实验在不同的领域之间创造了更牢固的边界，并且让他有能力加强对每一个领域的重视。

回顾你的记分卡

回顾你在第6章中创造的记分卡。使用最便捷的方式，描述你从为实验所设计的各种行为度量手段和结果度量手段那里采集到的数据。

留意你在任何领域的绩效方面所发生的任何变化，或者是在不同领域之间的关系的变化。解释如何以及为什么当新的信息或者是不可预测的情况出现时，你的目标、度量手段、结果和时间框架等有可能也会发生改变。

在第二个实验中，伊斯梅尔每周五都会按计划和他的孩子们一起度过一段时间。他会从学校里把他们接回来，整个下午和晚上与他们一起玩。他需要他的三位商业伙伴和所有下属允许他这么做。为了得到他们的支持，他就这个问题与他们进行了沟通。现在他对于自己与孩子们的关系感到非常满意，并且觉察到这种满意已经影响到了其他几个领域。当他更新自己的四个圆圈图的时候，他发现家庭领域与其他几个领域之间有了更多的重合部分。

他的第三个实验是为他公司内的每一位主管都安装了智能电话，从而使他们即使不在办公室里，也有可能及时解决客户问题，制定商业决策。这个实验增加了生产率，因为它能够优化时间的使用，减少面对面的交流，消除不必要的人为活动，例如在远离公司的地方，通过使用便携式电脑来讨论问题和制定决策。“它使得我能够随时随地处理工作问题，”伊斯梅尔后来告诉我，“与此同时，我能够身处最需要我的地方。”

他系统地搜集数据来证实和确定实验的结果。他使用微软的Outlook系统追踪计划好的活动，以及他给这些活动所打出的具体分数。他说，“星期五晚上成为一个里程碑，因为大部分的数据都要在周五的晚上被搜集和记录。”他还开发出电子数据表作为记分工具，持续地为自己在每一个重要领域里的进展情况打分。

收集和追踪数据并没有一个最好的方式。对你而言最适合的方式就是你需要采用的。伊斯梅尔把他从结果度量手段那里得来的数据记录到一张表格里，在这张表格上，每一个领域占两行(一行为结果测量手段，另一行为行为度量手段)，一列专门用于描述他所评估的这些措施，用至少六列来记录他每周给每个措施的打分(1—10)。在最后一列，针对每一个度量手段，他都对比初始的得分计算出百分比变化，这样就可以在六周以后看到从起点出发取得了多大的进步。伊斯梅尔在整个实验期间都使用这个方法跟进他的行为度量手段。

罗克珊采取了一种不同的方法。

在我的第一个实验里，度量手段紧紧围绕这几个目标展开：

降低我的压力以使我能够专心做好手头工作；通过减少分心和多多关注自我，增加我对事情的投入程度；加强我与孩子们以及他们的生活的联系。对于前两个目标，相比于使用独立、客观的度量手段，我通过我的“直觉”作为晴雨表，搜集了较多数据。我在每周工作日的最后一天，记录下我的压力水平(1—10)，那一天通常是我一周中压力水平最高的一天。我也追踪记录我每周需要提醒自己集中精力的次数。我还从我的孩子们那里搜集信息，看看他们对于我们的活动是否满意。而且，当我和孩子们一起玩的时候，我还会追踪我从孩子们那里了解到了哪些新的有关成长的信息。

在另一个例子中，萨莉·加西亚(Sally Garcia)，一个全面领导力项目的参与者，在一家大型制造企业中担任车间主任。她设计了一个实验，其目的是通过将一些新技术整合到每日的操作中，来提高工人们监督机器设备运转情况的能力。这一举措将花费在了解公司事业部运作情况的时间从每周 12 个小时减少到仅仅 1 小时，因此也就消除了以前应对数据处理系统所需要的大量的体力劳动，而且可以在工厂内外的任何一台计算机上都能看到工厂的实时运转情况，极大地提高了经理层决策的科学性。

她也制定了特定的财务测量手段，这些度量手段随着实验过程的推进也逐步与之接轨：成本降低大约 12.5 万美元，成本回避高达 1.5 万美元，生产效率增长约 2.5 万美元。与顾客之间的关系得到了改善，因为事业部的员工能够对顾客提出的产品质量和维修问题做出更快的反应。而且，因为作为经理的她不必再事必躬亲，她发现有时间和精力去寻求一些新的改进措施。这些商业上的结果与工人们在生活领域里所发生的变化是一致的。“我们都有时间和精力去关注其他更重要的事情：我可以教别人打垒球，和童子军们打成一片，在特殊奥林匹克运动会服务，为幼年糖尿病协会募捐，”萨莉说，“我能够看到事业部里的员工每天都斗志昂扬地回到他们的工作岗位上，因为他们从工作以外的生活中找到了成就感，这让我们更加团结，更加努力地工作。”

上面是三个成功实验的例子，它们展示了记录进步的三种不同方式。当然，一些度量手段会用来记录未能实现既定目标的情况。想要创新，就要冒一些潜在的风险。记住，全面领导力方法的好处来自于探索，而不仅仅是实现特定的目标。唯一真正的失败是没有能够产生某种影响，或者没有能够从推动你前进的努力中学习到什么，正如安德烈在描述他从自己的一个实验里学习到的东西时所解释的那样——系统性地增加和提炼他的交往数据库——那产生了综合性的结果：

> 我认识到，我并没有被完全地激励起来。我认为，缺少动力是因为我总是想方设法扩张我的交往数据库，但是却没有踏踏实实地为他人做点事。发动变革必须要周围的人参与——我过去在其他实验上曾经做到了。虽然如此，但是因为在实验中，我并不认为我对其他人负有责任，因此从来没有真正地优先考虑过其他人的利益。我认为，在实验中，成功和失败之间最大的不同在于是否把让他人的幸福、为他人做事情作为我行动的动力。

你自己的度量手段或许会指向成功，或许会指向失败。安德烈的度量手段两种结果都有。像大多数人一样，安德烈通过自己的经历习得了重要的领导力教训，尽管事实上其中一个实验并没有产生他所力求的“四赢”结果。

回顾利益相关者期望

现在我们谈谈你的利益相关者领域。在前面的章节中，你曾经描述和评估过你的利益相关者对你的绩效期望，以及你对他们的绩效期望。现在，是重新来评估你当初这些判断的时候了。在第四章，你准备了一个图表，其中列出了这些期望。你对于自己如何满足他们的期望和他们如何满足你的期望分别进行了打分(1—10)。现在，你如何评价这些期望得到满足的程度？

回顾利益相关者的期望

返回到第四章，阅读你的利益相关者图表。重新评价你当初对满足期望的绩效的打分，采取某种方便的方式，或许就在原来的图表上，或许在一张新的图表上，记录下你现在的打分。

你看到了什么变化？你如何解释这些变化？在某一个领域里发生的变化是如何影响到其他领域里的变化？

大部分全面领导力项目的参与者发现，力求真实、保持完整、激发创造力——通过与利益相关者一起分享他们的价值观和愿景，赢得他们对于实验的支持，创造性地满足他们的利益——是满足甚至超越期望的重要法宝。正如我在第一章中所讲的，平均起来，在全面领导力体验的开始阶段，参与者给他们自己在工作领域里满足利益相关者绩效期望的打分是7.2（满分10分），在全面领导力体验的结束阶段，打分是7.8，三个月的时间提高了大约6个百分点。然而，最大的收获在个人领域和家庭领域，分别增加了25%和15%。与此同时，社区领域也取得了12%的增加。所有领域内的绩效都得到了增加——换句话说，也就是实现了“四赢”。

罗克珊创造了一个“前后对比”图表，来比较她的利益相关者绩效评分。下面是她观察到的自己在每一个利益相关者关系上的变化。

> 开始打分时，我对于人们对我的期望做了一些不准确的估计，特别是在家庭领域。我感到自己一直为个人和家庭领域做牺牲，其目的是要在工作领域里有较好的表现。但是我从利益相关者那里发现，我的期望是不现实的，我在工作领域里对自己太挑剔了，我没有很好地满足我的孩子们的需要。现在，最大的不同在于我感觉好多了，已经弄清了，而且在一些场合下改变了这些期望。在我的实验中，我了解到要做更多有意识的选择来满足他们。

领导者通过刻意的改变，努力让生活中四个领域内的事情都变得越来越好，拥有丰富的人生——那正是全面领导力项目所致力于实现的目标。在改进其他领域内绩效的时候，评估你对某一个领域内的绩效所做出改进的情况，无论是直接的，还是间接的，这很重要。

来自旧金山的药品销售经理克里的经历表明，当你在做这种评估工作的时候，你更可能会发现跨区域的协同效应——不同区域之间产生相互促进的积极的联系，即使是意想不到的。

> 我的实验之一是做志愿工作，这直接改进了我在个人领域和社区领域里的绩效和满意程度，同时间接地改进了我在其他领域里的绩效和满意程度。当我在思考这样做会如何影响到我的职业的时候，我真的不确定会产生什么样的影响。我积极帮助当地的志愿者组织宣传乳腺癌的危害，并募集资金。做这些工作让我感到自己与我所关心的事业之间的联系更加紧密了。
>
> 但是，我还有一个意外的收获：通过这个实验，我也直接改进了我在工作领域的绩效。我鼓励老板的妻子来参加我们的会议，她和我从此变成了该组织中最活跃的两个人。我的老板很高兴。他开始有时间陪儿子一起玩，他的妻子也很高兴，因为她正在参加一项有意义的社会活动。当我在实现生活中其他领域内的目标时，我的老板很感谢我，感觉和我的关系更紧密了。在许多领域里，我的生命都变得丰富起来了！

克里的创新举措为我们提供了一个例子，它说明通过创造性地分析利益相关者的利益，你就能够在生活的各个领域里获得回报。我希望，你现在也能够以一种崭新的、现实的视角来看待你的工作和生活其他领域之间的关系，不要把这种关系看作是一种零和博弈——一个领域的收获却要以其他领域的损失为代价——而是把这种关系看作是一种能够带来共赢的机会。

回顾你的“四方”视角

让我们再往回迈进一步,重新检查一下你曾经说过的事情,例如对你而言真正重要的事情,再如你对你的生活不同领域的满意程度等。让我们来看看一切发生了怎样的变化。

回顾什么是最重要的
重新打开第二章。阅读你的领导力愿景练习和核心价值观练习。自从你当初写下领导力愿景以后,由于已经采取了一些新的行动,在这个过程中,你对你的领导力愿景——你未来的故事——做出了怎样的修正?记录下你的评论。 现在返回到第三章。重新填写你的四方注意力表,重画你的四个圆圈图,重新评估你在各个领域里的满意程度。在此,记录下已经发生改变的事情和仍未发生改变的事情。

克里在思考是否自己的价值观已经发生了改变:

我所有的核心价值观——成就和个人发展、归属感、平衡、合作、家庭和友谊、忠诚、正直、智慧——对我依然很重要。不同之处在于,现在,我甚至更重视这些价值观了,因为我要比以往更加忠实于这些价值观。我认为我现在活得更加真实。回顾第一次将它们写下来的时候,事实上,在我当时的生活中,我并没有完全贯彻这些价值观。现在,我感觉我做得不错。

像克里一样，罗克珊在经历了全面领导力项目体验以后，同样既没有改变她的核心价值观，也没有改变她的领导力愿景。但是，她弄清楚了自己真正关心什么，并据此设计能够改变她生活的实验，从中获得了好处。

> 在写下我的领导力愿景时，我对于与工作有关的几件事情感到特别吃惊。我一直以为我会在获得MBA学位以后马上就辞掉现在的工作，或许选择去做一位咨询师。结果证明，那并不是我的愿景的一部分。我认识到，我真正想要做的事情是从事一份具有挑战性的职业，这份职业能够加深我与我的孩子们和我的丈夫之间的关系。

如果你的领导力愿景和你的核心价值观都没有发生改变，这并不意味着你没有取得任何进步。一些人重新确定了对自己而言真正重要的事情，而另一些人则没有改变任何事情。在这个阶段，大部分参与者说，他们现在更清楚对自己而言真正重要的事情是什么。结果，他们会采取与自己内心价值观相一致的行为方式，去满怀激情地创造他们想要拥有的未来。

通过观察全面领导力项目的参与者对于四方注意力表所做出的改变，我发现，人们对于他们生活中不同领域的重要性的关注程度并没有发生太大的改变。取而代之的是，他们的时间和精力的分配情况发生了改变：更少地投入到工作领域，更多地投入到其他领域。好的消息是，与这种模式相伴的是，人们在生活中各个领域的满意度都得到了提高，包括工作领域（提高了21%）、家庭领域（提高了

28%)、社区领域(提高了31%)、个人领域(提高了39%)。正如我们前面看到的，情况甚至会更好，所有相关人员的绩效水平都得到了提高。

当维克托完成了他对四方注意力表和满意度评分的前后分析后，他发现自己在三个领域中(除了社区领域)的满意度都得到了提升。当然，他对自己的整体生活状态的满意度也得到了提升。维克托发现自己正在沿着正确的道路前进，他相信随着实验的进一步推进，他将会进一步提高自己的满意度水平和绩效水平。

当他开始关注自己的价值观与行为的一致性的时候，他发现在他更新过的四方注意力表中，呈现出一种明显的不协调：他对工作的重要性的重视程度在增加，与此同时，他对于在该领域内的时间和精力投入水平却在减少。

> 我承认在我生命的这个阶段中，工作对于我而言非常重要，我也据此调整了我的工作和家庭的重要性等级。我把这当作是我所要发起的变革的主题，我能够想象我的家庭的重要性被降低后的情况。但是，同时，我已经成功地减少了工作上的时间和精力投入，这主要是通过下放权力来实现的，我正准备把我的角色拓展到新的工作领域中。要实现我的变革目标，我必须得到我的利益相关者的大力支持。

让我们继续对你的四个圆圈图进行“前—后”比较。四个圆圈图还是另外一个检验工具，看看“对你而言真正重要的事情”和“你在生活中各个领域中实际投入水平”是否一致。你的利益相关者对话和实验帮助你成功地将四个圆圈拉近——就像树木的年轮——还是导致彼此间的重合越来越少？将你在第三章中所画的圆圈与你刚才所画的进行比较。看看有哪些地方不同，同时分析一下为什么会发生那样的变化。

虽然没有完全重合，但是维克托的几个圆圈之间的重合部分增加了不少。图 8－1 形象地描述了这一变化，左边的图是实验前的情况；右边的是实验后的情况。

图 8－1

维克托前后不同的四个圆圈图

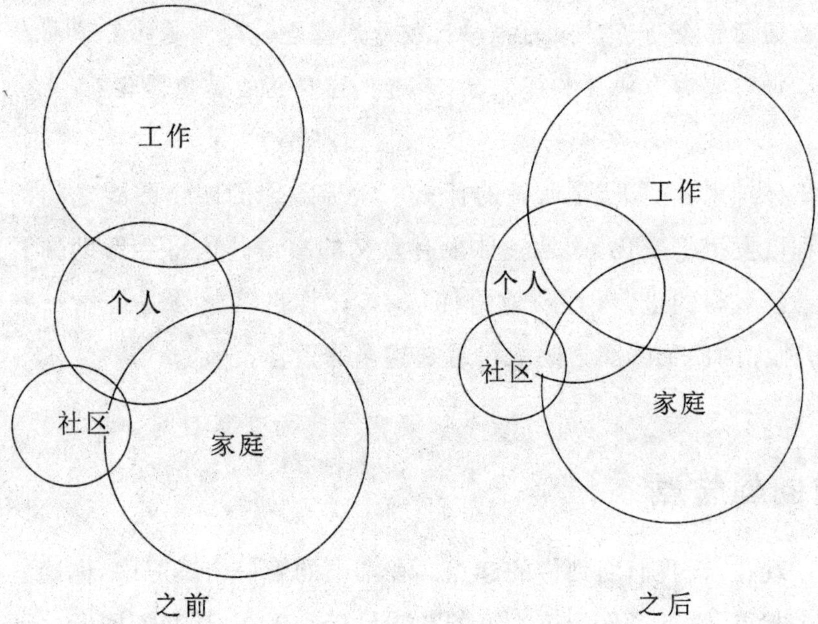

利姆在他第一次画下四个圆圈图的几个月之后注意到，现在他的几个圆圈之间有了更大的重合，但是仍旧没有达到他的目标，这引发了他的思考：

> 我所面临的一个挑战是，如何将家人和朋友更好地整合进我的生活。我正准备在我长大的地方找一份新工作，我的父母、兄弟和一大堆好朋友都居住在那里。我想要将我从实验中得出的经验和教训应用于我的社区领域。我还打算把我的所学应用到我的新公司中。从一定程度上讲，我之所以被雇用，是因为我具有让这些事情发生的能力。
>
> 如果我坚持我的行动计划，坚信我的领导力愿景，我的几个圆圈将会随着时间的推移而彼此间重合地越来越多。我将尽量保持我的开明性和探索性，而避免让自己的思想僵化。

仔细思考一下，你所做的什么事情导致你的四个圆圈之间的重合程度发生了变化，这是一件很有意义的事情。这将会帮助你看到你已经取得的进步，不断地给你信心，让你自信能够通过做一些事情，让你的四个圆圈之间取得越来越多的重合。

返回到起点

现在，让我们回到你的起点。在本书的第一个练习中，你确立了一个起点，写下了你阅读本书的初步目标。现在，让我们回顾一下你所取得的进步。

这将会帮助你更好地理解你已经取得的成就，同时，在通往你想要真正成为的领导者的道路上，这还会帮助你识别你的下一个目标。每一个阅读此书的人都会从中汲取不同的营养。对你而言，重要的是采取你最擅长的方式，记录下你已经取得的经验和教训，以便能够在将来记起和使用它们。

回到起点
返回到第一个练习（你为你的全面领导力项目所制定的目标）。阅读你当时为自己制定的目标。自从你写下它们以后，你的目标发生改变了么？你是否已经实现了这些目标？为什么有些目标得到了实现，而有些没有？请写下这些内容。

领导力经验

现在，你已经花时间回顾了你所经历的旅程，看到了你已经取得的成绩，接下来，你需要把它们提炼成必要的经验。

“非常奇怪的是，考虑到我的职业目标，我感到一个充实的人生是我不能提供的一件奢侈品。”罗克珊说，“现在我不再那么认为了。”回顾自己作为生活中所有领域领导者的经历，罗克珊认为，通过实施更加聪明，更加有创造性的实验，她成功地促进了个人、工作，以及生活其他方面的和谐发展，这改变了她的志向。安德烈则形成了一个不同的认识：

提炼你的领导力经验

为了提炼你的主要经验，请写下你对以下几个问题的看法：

● 在成为你想要成为的领导者方面，你认为最关键的事情是什么？

● 力求真实、保持完整、激发创造力这三大法宝是如何影响你实现“四赢”的目标的？

● 在满足重要利益相关者的绩效期望方面，你学到了什么？

当我发展我的领导力技能时，我发现存在于我和我的利益相关者之间的大部分分歧是由于理解上的偏差所造成的，或者是出于错误的假设，或者是出于不畅的沟通。在我和我的妹妹之间，这个现象表现得尤其明显：我感到我在一些领域里表现不佳，而她却认为我表现得很好。对她而言，我已经承担了太多的责任。在我的对话中，我总是听到这样的话。现在，我们能够就彼此的期望达成更大的一致。所有这一切基于一个简单的认识，即我做得并没有像我想象的那样糟。

现在，我认识到，只有充分地理解了利益相关者的情况，才能够准确地评估你的生活，做出你真正需要做出的改变。他们需要和期望从你这里得到些什么？你又需要和期望从他们那里得到些什么？这些问题是在制定和实现目标的时候必须弄清楚的，但是我以前就没有认识到这些问题。如果不理解这些，你就不知道你将要去向哪里，以及你需要走多远。

下面是利姆所描述的自己从全面领导力项目中学习到的经验：

> 我所获得的最大的经验是，当你在冒险的时候，你必须让你的利益相关者们知道你正处于较脆弱的境地。当你发起变革的时候，寻求他们的帮助，他们总是会伸出援手的；他们会变成你所“期望”的利益相关者。现在，我越来越清楚地看到，向利益相关者说明我正在做的事情对我而言多么重要，以及这件事情会对他们产生怎样的积极影响，这会让事情事半功倍。这给了我更充足的勇气。

当你尝试新事物的时候，总是会存在一些风险。然而，组织中不同层级的，以及生活中不同领域的有效的领导者，会通过识别和最小化内外的阻力，通过认识到他们所发起的变革绝不仅仅是为了满足自身的利益，来鼓起前进的勇气。他们永不止步，总是寻求新的办法，将自己的才能和精力投入到他们所坚信的事业当中去。他们激励其他人为了共同的利益而努力；通过这样做，他们激励其他人开展实验。

他们继续从自己完整的生命历程中进行学习。他们鼓励人们从自己的经历中汲取经验教训，从反复的尝试和错误中学习，他们知道这样做将使他们在面对新的挑战时拥有更强的力量和更大的灵活性。现在，你系统性地回顾了你经历过的旅程，并从中提炼出了经验教训，那么，让我们来看看在你努力成为一位优秀的领导者，进而拥有一个丰富的人生的旅程中，你都有哪些收获。

在亲身实践了真实、完整和创造性三大“法宝”以后，你发生了哪些改变？

领导力是一门表演艺术。你的道具就是你自己。就像伟大的音乐家和伟大的运动员一样，如果你把自己摆在一个学习者的位置上，通过观察别的领导者，继而进行实践，并始终秉承着开放性的学习心态，你将会变得更加优秀。

当你追求“四赢”的时候，你就踏上了让自己成为一位更优秀的领导者，拥有一个更丰富、更完整的人生的旅程了。将从中学习到的经验应用到你的漫长人生中，你就会持续地取得成功。现在，你人生的实验才刚刚开始。全面领导力可不是一锤子买卖。学习领导力和整合生活中不同领域的任务绝对是一项高难度的挑战。事实上，的确很困难。处处都有难以逾越的限制和障碍。用仅仅一天的24个小时，你是无法完成这个任务的。

然而，像詹娜、安德烈、克里、维克托、罗克珊、利姆、伊斯梅尔，以及其他你从本书中看到的人一样，你已经开始改变把自己看作一位领导者的方式了。开始研读这本书，你想要改变一些事情，我希望通过你的努力，你能够对未来更加有信心，更加憧憬。

你已经选择要成为一位与众不同的领导者，一位想要在今天的现实世界里通过实践力求真实、保持完整和激发创造力“三大法宝”，让自己的生活变得更加美好的领导者。在第1章中，图1-1描述了一些人，他们没有在自己的生活中实践真实、完整和创造性“三大法宝”,因此他们感到自己的人生是不完整的。当你初次打开本书的时候,在该图的最左边一列里,有哪些词与你当时的状况是吻合的呢?现在,在该图的最右边一列里,又有哪些词准确地表达了你此时的感受?当你读到这一部分的时候,请思考这些问题。

我这样说,并不意味着你的人格特性要在如此短的时间内发生根本性的改变。但是,我希望你能够开始以一种全新的视角来看待自己。当你对自己了解更多,对如何采取行动完成对自己而言最重要的事情,对于如何以一种让自己生活的各个领域都能够和谐相处的方式来实现这一切了解更多的时候,你就会逐步找到作为一位成功领导者的感觉。这反过来会刺激你继续发展自己领导力的渴望,并产生越来越大的影响。

现在,我们即将完成全面领导力项目。为了帮助你更好地看到你的努力为你带来了怎样的变化,让我们进一步回忆一下在本章前面你所写下的内容,仔细思考一下这些内容对于你的真实、完整和创造性“三大法宝”意味着什么。为了帮助你做好这项工作,下面,你将会阅读一些已经完成全面领导力项目的参与者告诉过我的有关这方面的内容。当我们继续这项工作的时候,我将会要求你想想下一步你该怎么做,想想你应该以一种什么样的方式来讲述自己的成就故事,与此同时你的故事还应该能够激励其他人。

真实——更明确的目的性,更加真实,更加脚踏实地

当人们弄清楚对他们而言最重要的事情是什么的时候,人们就会发生改变——他们会变得更加真实。但是,真实不仅仅是关于自己的。要想成为一位领导者,真实必须包括其他人。作为领导者,你

有责任改进你和下属的绩效。你必须创造承诺。你通过阐述你的领导愿景——那是一个未来可实现的令人信服的景象——来展示你的激情,从而达到创造承诺的目的。

你必须坚信你正在追求的目标能够将人们和你的领导力愿景联系在一起,让他们愿意与你一道努力。安德烈在实现成立一家黑人所有的企业的梦想时就是这么想的。詹娜自从结束了全面领导力课程以后,就一直在忙着开展实验,她努力将自己的时间和精力投入到需要优先安排的事项上。正如她所解释的,她"有意识地认可"自己的价值观的"合法性",现在她的行动与价值观更加一致了。开始参加我的课程时,她感到自己总是无法集中精力做某件事情。现在,她感到自己做事情更加专注,无论自己的事情,还是与利益相关者有关的事情。她做事情有更强的"目的感"了。她告诉我,通过与其他人谈论自己的目标,她感到"自己好像就是他们中的一员。那种感觉非常好。"

伊斯梅尔告诉我他是如何不断寻求挑战,尽量找到一些创新性的方法来做他所喜爱的事情。他在商业上已经取得了很大的成功,赚到了不少的钱,但是无论在工作中还是家庭中他从来没有感受到鼓舞。现在,他开始激励自己和其他人。克里换了一份工作,从销售经理变成了管理顾问,她告诉我,这一举措为她生活的各个领域带来了巨大的绩效改进。"在参加全面领导力项目之前,我生活中的各个领域之间几乎是独立的,仅仅有轻微的重合。现在,我感到,随着工作的变换,我的工作与生活的其他领域之间有了更大的一致性。我可以更多地关注自我,而且还可以把更多的注意力放在朋友身上。"

现在,你是否感到你的"行动能力"提高了?相比刚开始阅读此书时,你是否感觉到自己有更明确的目的性,更加真实,更加脚踏实

地？

完整——感觉关系更加密切，获得更多支持，更加有弹性

只有尊重人的完整性，你的人生逻辑才能彻底改变。全面领导力体验帮助你寻找方法将生活的各个片断整合起来，同时也帮助他人实现这一目标。要实现这样的目标，你需要同你的利益相关者一起确定你生活中不同领域之间的边界，这样做能够使你更加关注对你而言十分重要的结果。例如，罗克珊和伊斯梅尔都在实验中对边界进行明确的定位，以确保他们与孩子们在一起的时间。

本书的一个主要目标就是要帮助你认识到，你不必对来自他人的东拉西拽的要求感到怨恨，不必因为你生活的各个领域之间毫无关联而焦头烂额，不必为每天应接不暇的各种事情而烦恼。正如维克托最近告诉我的，保持完整并不是要在你生活中的各个领域之间寻求某种平衡。

> 我认识到，当你想努力实现“工作/生活”平衡时，你就会遇到这样或那样的限制。这是一个根本站不住脚的方法。这是在把复杂的问题简单化。现在，我注意到，如果我得到一个机会，着手做一些新的事情，无论这件事情是多么小，它总是会有很大的好处，前提是它会对两个或两个以上领域、而不仅仅对工作领域产生积极影响——这已经被过去发生的事情屡次证明。

思考一下，你生活中不同领域之间是如何相互影响的。换句话说，思考一下，如何整合你的生活中的不同领域——这是你能够从阅

读本书中学习到的一个最重要的经验。你一直在学习如何用新的视角来看问题，这个视角鼓励你寻找整合生活的不同领域的新方法，而不是仅仅在各个领域之间寻求平衡。罗克珊说：

> 在衡量我是否是一位优秀的领导者的时候，我提出了一个核心的衡量标准，那就是要看对我而言重要的事情之间相互竞争的程度。大部分对工作/生活进行整合的项目总是过分关注时间问题，但是将时间概念作为最终的度量手段的做法是错误的。事实上，领导力指的是你用你的时间做了什么，而不是你花费时间的多少。问题的关键在于，你不必在生活的各个领域之间寻求某种平衡，你需要做的是，看看你在生活中某一个领域内所做的事情对其他领域产生了怎样的影响。

我们很少人能够完全靠自己取得成功。对于那些需要记住这一点的人（看起来，尤其是男人），以及对于那些已经采取行动建立起支持性联系的人而言，结果是他们往往会产生更大的满足感。我们的客户和同事们也都看到、并感受到这一点。利姆告诉我，作为一位领导者，他所表现出来的新特征，在很大程度上与“两个方面”的关系有关。

> 通过在不同的社区里做一名良好公民，你就能建立起一个足够庞大的支持网络。在你遇到挑战的时候，你将总是要么遇到一些曾经有过相同遭遇的人，要么遇到一些认识那些曾经有过相同遭遇的人。通过利用这个网络，我为那些看上去不可能解决的问题找到了很好的解决方案。

当你向他人讲述曾经发生在你身上的真实故事时，你们之间就比较容易建立起一种亲近感。你想要通过讲故事的方式增加彼此间的亲近感，这并不是一种操纵行为，这是一种领导行为，因为如果你能妥善处理好的话，即使这个故事是关于你的，它也能够真正促进你们之间的关系。全面领导力的参与者经常向我讲述他们逐步认识到他们的生活必须有主要利益相关者的密切参与。与这些利益相关者之间建立起紧密的关系成为一件需要优先考虑的事情。

甚至在最亲密的关系中——或许这些关系是比较特殊的——你也要注意，一定要保持沟通渠道的畅通，及时了解彼此的期望，以及随着生活的变迁这些期望所发生的变化。无论你认为你多么了解一个人，你从来都不会真正了解他/她的期望，除非你直接问他/她。罗克珊说，她思考领导力方法，得出的一个最重要的结论就是，一定要倾听来自利益相关者的反馈，她称之为“倾听客户的声音”，她将这个营销术语用来表示需要倾听身边所有利益相关者的声音。许多参与者承认，当他们试图找到利益相关者对他们的真实期望时，他们发现需要付出比想象的要多得多的努力。他们感到自己被赋予了选择某一个关注点的自由，与此同时，他们自己的生活也被施加了更大的限制。这样的调整发生在所有领域里的利益相关者身上。现实要求你将主要精力聚焦在最重要的人和物上。这就是为什么参与者能够不断地改进工作能力，以及为什么他们能够为客户、组织、家庭、社区和个人创造更大价值的原因。

现在，你是否感到你的行动能力有所提高？相比刚开始阅读此书时，你是否感觉到与其他人关系更加密切，获得了更多支持，你的行为更加富有弹性？

创造力——感到更有探索精神，更专注，更乐观

维克托告诉我，最近，他在他担任IT经理的银行开展了一项新的实验。这项实验是在他完成了我的全面领导力课程以后开始的，是建立在他之前的一项实验成果的基础上。这项新的实验表明，为了寻找适当的做事方式，他在持续地开展实验。同时，该实验还表明，他现在对于探索创新持开放性的态度，而且不会背负太大的精神压力。

当维克托将这些实验向前推进的时候，他本人也从中学到了很多。在实验中，维克托对于新出现的机会总是做出积极的反应，他采取小步前进的方式去创造一些以前根本不存在的东西，在此过程中他发现总是有一些新的需求需要满足。沿着新方向前进的每一步都会把你置于一个完全不同的位置，在这个新的位置上，你会以一种全新的视角来看事情。这个创新的、探索的、开放的过程将从来不会真正停止。

罗克珊介绍了她通过持续实验提高自己，同时也提高别人的领导能力的一些方法。

> 这个实验与我在公司如何度过午餐时间有关。我想找到一种方法把这段时间合理地利用起来，去指导别人或让别人指导我。现在，两年以后，我加入了一个新的团体，这里没有固定的午餐休息时间。但我会利用这段时间，也会安排与工作团队以外的人共进午餐，这样我就能够从他们那里学到一些新的东西，而他们也可以从我这里听到一些新情况。

找到一些新的方式加强与他人之间的联系会使一个组织的运转更加顺畅。通过创造机会与她的工作团队以外的人加强联系，罗克珊让自己的世界内外联系更加紧密。

利姆的讲述强调了克服前进中各种障碍的重要性，利姆在他的生活中下了很大的力气来克服这些事情："对我而言，一个重要的观点是，对尝试新事物始终保持开放的态度非常重要。就像日语中用来描述精益生产的词汇：kaizen（持续改善）。我已经认识到，事实证明持续不断的改进对于发展领导力而言也至关重要。"善于学习的人对于未来都满怀信心。

安德烈认为作为一位领导者，要始终保持乐观的态度。

> 用创造力作为指导原则，从思考到重新定位、计划、行动我充分了解了整个过程的价值。沿着这样的逻辑体系采取行动，我就能对我的思想和行动方向始终保持清醒的认识。作为一个领导者，只要选择这样做，我就能让自己保持正轨，始终朝我真正想去的方向努力。

现在，你是否感到你的行动能力有所提高？相比你刚开始阅读此书时，你是否感觉到自己更有探索精神，更专注，更乐观？

下一步，你该如何发展？

你已经回顾了你所获得的经验，以及你已经发生的变化，那么有必要更加具体深入地思考：作为领导者你下一步将要继续采取哪些行动？你将如何保持学习上的开放精神和探索精神？你能够将你的经验进行整合，去教授或者辅导其他人么？

你该如何继续扮演学员和教练的角色
明年或以后，你应该牢牢记住哪两件或三件事情，以使你能够作为一位领导者，在你生活的各个领域里持续改进绩效？ 要继续保持你通过本书所形成的前进势头，你会遇到哪些主要的障碍？你打算如何克服？ 你将如何把你在这里学到的经验教训传授给其他人？对于那些正在思考是否要开展全面领导力学习之旅的人们，你打算给他们提出什么样的建议？ 写下这些问题的答案，并就这几个问题与你的教练、朋友或者其他你信任的人进行交流。就像对待你的实验一样，你让其他人了解你的计划越多，这些计划就越有可能被实现，因为你感受到了更多的责任，而且你将得到更多的支持。

领导者是通过持续不断的学习炼就的，这是一个不断向前的过程。因此，定期更新你的目标是有好处的，因为它们可能会随着时间的流逝而改变。下面是利姆设想的学习日程，在这里，新的目标成为他新的起点。在未来的几年时间里，他的领导力发展计划的要点是："首先，要尽我所能做一个好父亲和好丈夫。第二，巩固我已经习得的经验。第三，将我的所学应用到工作中去。"说起来简单，但是这需要作出承诺来实施。

或许像你一样，安德烈认为他必须继续努力学习，因为他的教育需求会随着时间的流逝而发生改变：

> 我面临的主要障碍在于，我必须认识到这是一个没有尽头的过程，这是一个持续的改变和定位的过程。我能够看穿路的尽头，然后默默地对自己说“我到了”，就像年轻的功夫高徒最终能够从大师手中迅速地抢走鹅卵石一样。当那一切发生的时候，我将会提醒我自己，是到了重新改造、定位和排序的时候了。

他计划通过教授他人自己已经习得的经验来保持思想的活跃性：“我要把我从实验中习得的经验拿出来与他人分享。通过继续与我的利益相关者们进行对话，讨论目标和期望，我将树立起行为榜样的角色。”花费时间思考了自己从实验中习得的经验，并进一步思考如何使用这些经验以后，全面领导力的参与者通常急于将自己的心得体会传授给其他人。克里建议：“触及核心。不要轻易丢掉这个方法，直接进入对方的内心。找到一些既能够让内心价值观与外在行动保持一致，又能够让你生活中各个领域之间和谐相处的创新性方法。尝试一些新事物。思考一下你的领导力愿景，让你的实验成为你迈向那个愿景的第一步。”

这是非常好的建议。你会对你的朋友、同事或家人说些什么呢？下面是罗克珊打算要说的：“如果太过于关注某一个领域，你就有可能无法取得较高的效率。事实上，你或许正在做破坏性的事情。我过去读到一些领导者的故事时，会感到很吃惊：他们怎么会有时间做那么多事。但是现在，这对于我来讲不再遥不可及。”维克托的建议是：“努力争取‘小赢’。最好不要想一口吃天，那很容易招致失败。

你的各个成功之间将会互相促进。”最重要的事情是提炼出你想要传授的经验，这么做有很多好处，其中一个好处就是帮你提升自己的所学。在对其他人进行教练辅导的同时，你也能够尽快地成长为一位优秀的领导者。看到其他人在你的帮助下不断成长，并在他们的生活中创造出富有意义的改变，这是一件很令人鼓舞的事情。

讲述你的故事

正如你在第二章中所看到的，有效的领导者会主动创造自己与身边的人之间的情感联系，而这一点，正是通过他们联系自己以及别人的真实经历来讲故事实现的。如果做得好，一个好的领导力故事将会在你所选定的领导力旅程中助你一臂之力。

通过讲述关于你的实验的故事，例如如何设计和实施你的实验，在变革——无论是现有的变革还是未来的创新——的过程中，你都会从你的朋友网络那里获得源源不断的支持。将你所学传授给其他人是一门大学问。

把你的领导力故事讲给你的朋友、家人和同事听。讲述那些曾经塑造过你的价值观以及你的领导力愿景的真实事件，这件事情本身能够增强你与你生活中对你而言最重要的那些人之间的关系。每当我讲到我成为一位父亲，以及这件事情对我的职业抱负和领导力愿景的影响，我都能感觉到我与听众之间的距离拉近了，感觉到听众们认为我更加真实、可信。部分原因在于，我正在向他们讲述一个发生在他们身边的基本的人类体验。我正在详细地讲述我改变我的职业生涯的选择，尽管我当时面临着很大的反对意见。但是，最重要的是，这个故事是真实的，我对这个故事怀有深厚的感情；它对于我而言意味着太多的东西，我相信它对于其他人而言也是有一定价值的。

讲述你的故事
一个好的领导力故事能够吸引听众，使他们全心投入。它必须具备以下要件： ● 来源于你的亲身经历，以及从中汲取的经验 ● 与听众有关，能够激发他们的情感 ● 通过你的激情演绎，激发听众的共鸣 ● 展现你在实现目标过程中所遇的障碍和你的目标之间产生的冲突 ● 用生动的例子讲解 ● 教给听众一条重要的经验 基于你已经思考和记录下来的内容，发展出一个故事，尽你最大努力将这六个要件都囊括其中。然后找到与你的故事有关联的朋友，将故事讲给他们听。讲完以后，询问他们你的故事对他们产生了什么样的影响。

培植花园

世界不断变化，而我们仍然同时面临着两个挑战，一个是为我们的生存寻找资源；另一个是让我们的生命更有意义。通过你在本书中的工作，我希望你在这两个方面都已经取得了不错的表现。

让我通过一个简单的类比，概括一下你在本书中的工作。请你花一些时间把自己想象成同大多数在我们之前来到这个地球上的人一样，为了生存在这片土地上耕作。毕竟，作为一个领导者，你其实很像一个农夫。你想要让你的世界变得更加美好的想法就是你的庄稼种子。这些种子种在你的内心深处，在你的生命历程中成长。通过有意识的行为，你把它们带到这个世界上来。

你要耕耘土地，准备播种，就像你在初次接触本书的时候，开始思考现在你处于一种什么样的状态，你为什么会发展到现在的状态。然后，你准备提供阳光、空气和水来帮助你的种子成长，就像你为了实现你的创新性想法而寻求支持和培养力量。你将变革的种子带到你的主要利益相关者的心里，这会增加让它们长大的机会，最终帮助你梦想成真。你需要清除杂草，就像你需要将最重要的活动排在其他活动之前一样。

你所耕作的田地不需要你为它们提供超过你能力范畴的更多资源，就成为可持续发展的田地。如果它们能够提供的东西丰富了你的生活，那么它们就是可持续的。领导者带来的可持续性变化是能够坚持到最后的变化，因为它们没有涸泽而渔。然而，像最强势的全面领导力实验一样，可持续的变化甚至更好；他们不仅没有用干资源，而且他们哺育和丰富了你的生活。

当然，在一块田地里种庄稼，或者是在一块小花园里种花草，都是很困难的事情。你必须培植生命力强的植物，可以抵抗各种各样的环境威胁，更不用说杂草了，同样的道理，尽管有风险、抵制，以及不可预见的各种障碍，你都必须有意识地选择去领导。大部分全面领导力课程的学员都没有改变他们的价值观，但是他们的思维方式和行为方式发生了改变。也就是说，内心更加坚定——他们用一种新的方式来完成那些对他们而言最重要的事情。

我的目的是帮助你提高能力，让你在生活的所有领域内都实现“四赢”。如果这本书里的想法得到成功培育，那么每一个人都会得到成长，都会“赢”。换句话说，如果你用完整的人的视角来看待领导力，你就会不可避免地认识到，作为领导者，你的行为必须服务于一个更大的目的——社会利益——这是推动我们向前的力量。然后，当我们回到那著名的花园的时候，我们就不难想象我们提高领导力的目的。我希望这本书能以某种方式让你跳出你自己的小圈子，去感受一些更加宽泛的主题，希望你在完善自我人生的同时，寻找到更大的意义。

作为一位大学教授，我最珍视的事情是我们对学术世界的轮回进行标识所举行的仪式，它对应着自然界的季节变换。集会开始了，聪明的老生鼓励新生发现之旅。然后，在结束时，需要有一个纪念仪式，我们可能有点自相矛盾地称之为“毕业典礼”。就像詹姆斯·乔依斯(James Joyce)的宏大的现代史诗《芬尼根守灵夜》开始于最后一句一样，结尾正是所有重要旅程的开始。感谢你带我一起踏上你愉快的旅程。现在，让我们开始吧。

亲爱的读者，行动起来，到了让你自己成为一个优秀的领导者，拥有一个丰富人生的时候了！

附录 A

你的全面领导力教练网络

无论你是自己建立一个教练网络，还是登录 www.totalleadership.org 网站加入一个教练网络，都能够提高你的全面领导力体验的价值。使用教练网络，你就能够在一个致力于产生“四赢”的学习型社区里，通过做教练和做学员（在这里，学员这个术语是指从教练那里得到指导的人）从两个方面得到好处。

教练网络能够在帮助大家提高未来行为能力的同时，帮助彼此改进工作绩效。加入某一个教练网络，我们能够得到的好处包括：

- 能够获得支持，增强你尝试新工作方法的信心；
- 能够得到鼓励，鼓励你在实验中承担智力风险；
- 能够获得特别的建议，帮助你实现重要的目标；
- 能够获得增强的责任感，并因此保障你所产生的变化的可持续性；
- 能够提高自己的能力，既可提供又能接受教练支持；

● 能够收获友情，找到归属感。

因为变革的过程是困难的，而且会引发焦虑感，所以人们会抵制变革。惯性的力量是很强大的，但是好的教练行为能够帮助你克服它们。或许，最重要的是，教练行为让人感觉不错，令人感到愉快，因为这是一个学习的过程。在你作为教练对别人进行辅导的时候，甚至更加有趣，让人感觉更好。

但是，在我们继续前行之前，有一点必须说清楚，我并不是建议你成为一个专业的教练。本附录提供给你的是一些小技巧和小想法，来帮助你和你的朋友、同事、家人等使用一些基本的教练概念和方法，增强你的全面领导力体验的效果。但是，你的全面领导力教练网络并不能替代专业教练和咨询支持。当你生活中的任何方面出现一些你无法用现有资源有效处理事情的时候，就应该寻求专业教练和咨询顾问的帮助。

如何开展教练活动？

教练根据你在全面领导力练习中所做的工作，通过文字或口头的方式进行辅导，内容包括提问、评论、建议等，从而给你提供支持和帮助。在整个全面领导力体验的过程里，他们提出新的视角，提供有用的反馈，鼓励你去实现自己的理想。作为一个教练，你要为你的学员们做同样的事情。

我们经常被要求去帮助别人发展，提出建设性的反馈，激励他人去实验，敢于冒险。当我们辅导某人时，就会在自己的工作和生活领域之外，收获到一些关于如何提高全面领导力的新想法，与此同时，也帮助了那个人。全面领导力教练行为为教练和学员双方提供了一个互惠的机会,他们都有机会拓宽自己的技能。

教练行为可以是指示性的,也可以是非指示性的。指示性的教练行为包括倾听你的学员谈话,然后根据你自己的经验,或者依靠你所掌握的知识,为他提供建议。非指示性的教练行为需要你倾听学员的问题,但是并不提建议,而是问一些问题,去鼓励你的学员独立地找到解决问题的办法。如果你的提问对路子,你就能够帮助学员更好地了解自己。这两种教练行为都是有效的,具体选择哪一种方式取决于学员的需求。选择将教练行为作为全面领导力体验一部分的参与者能够提高他们提供和接受各种形式的支持的能力。

教练帮助你力求真实

你的教练理解你的发展方向,你已经取得的成绩,以及你现在的情况:你的核心价值观,那些改变了你生活的经历,你所花费的时间和精力是否与对你而言真正重要的事情相匹配,你的领导力愿景等等。他们给你提供建议,让你的行为与你的领导力愿景和核心价值观更加一致,激发你进行更具有创造性的思考,提出各种设想,采取一些经过深思熟虑的冒险行为。教练能帮助你理解你所做出的那些影响到你的工作、家庭、社区和自我的选择。教练行为能够对于你如何思考对你而言真正重要的事情产生有力的影响。

教练帮助你保持完整

教练能够通过对你的利益相关者分析、你为利益相关者对话所作的准备,以及利益相关者对话的内容等方面进行提问和评论,来帮助你理解你的社交世界的动态性。教练扮演着一个重要的角色，因为它能够确保：从你和那些对你而言最重要的人的谈话中得到最大的价值。

教练能够帮助你理解在最亲密关系的复杂网络里，你和利益相关者之间是否合拍。他们帮助你更好地理解彼此的期望和共享的利益。他们能够意识到你通过利用共同点来构建更强的关系，并借此改变绩效的潜力。教练能够帮助你利用从利益相关者对话中收集到的信息，设计一些实验。他们会提出一些客观的——通常是新的——观点来启发你更进一步地思考你的主要利益相关者如何影响你的生活和工作。

教练帮助你激发创造力

从你开始设计实验，到执行它，解释它，教练会为你提供全程反馈。他们会激发你严肃地思考一些新的方法，把工作看成你整体生活的一部分。教练能够帮助你设计一些让工作更有效率的实验。他们能够帮助你决定什么时候应该将工作和生活交织在一起，什么时候应该在两者之间做出明确区分。教练会给你提供一些想法，帮助你创造一些衡量标准，来度量实验的长短期效果。当你遇到阻力、承诺或许失效的时候，教练会通过和你一起解决问题来给你打气，鼓励你脚踏实地地向着你选择的方向继续前进。

创建你的教练网络

要创建全面领导力教练网络，首先要思考在你当前的个人和工作领域里，哪些人是你愿意与之进行合作的。他们或许是同事、朋友或者你的家庭成员，总之，任何愿意和你共同经历全面领导力体验的人。一个教练团队的理想规模是三个人。

在你的教练团队里面，你将有机会既做教练，又做学员，并同时从这两个角色中受益。学员所要面临的主要挑战是敞开心扉，并处理好自己对于反馈的反应。教练的责任在于识别学员的优势所在，从有利于实现学员目标的角度出发指出需要改进的地方，帮助学员减轻他/她的防御心理。尽可能多地了解你的学员在工作、家庭和社区等领域内的主要关系。同时，尊重学员的隐私和喜好，他们愿意透露多少就透露多少。

然后，你们三个人就开始寻找合适的时机来谈论你们的目标。讲出目标能够增加你实现它们的可能性。将目标讲得越清楚，你就越有可能实现它们，因为你对这些目标的承诺就会越高。当人们提供相互支持的时候，彼此实现目标的机会就会增加。在第一次谈话中，你同时也应该谈到你的希望和担心，还要讨论在第一章中你曾经写下的对你自己目标的描述。

这也是讨论团队如何团结协作的机会。你需要设定目标，定期碰面（通过电子邮件、电话或者是面对面），了解彼此的工作风格。然后，你们三个人将分别开展以下几个步骤：

1.独立完成第二章和第三章，然后将练习答案通过电子邮件互相发送，或者发送到一个有密码保护的公共平台上。

2.阅读和评价其他两个人的工作。

3.阅读由教练团队的其他两位成员为你写的评价。

4.面对面，或者通过同步电话或视频，以团队的形式碰面，一起提出问题，讨论彼此的观点、建议和其他反应。

在研读本书第二和第三部分的过程中，重复第 1—4 步。

有效的反馈

教练活动的本质是反馈。这是一种能力，需要真诚和友善。一个教练给出的反馈质量和敏锐度的高低会对你的成长造成非常不同的影响。当你给出如下反馈时，你作为一位教练帮助你的学员创造富有意义的改变便是有价值的：

- 帮你的学员找出他最重要的目标
- 鼓励你的学员为目标竭尽全力
- 通过提问，帮助你的学员坚定方向
- 保持平衡，而不是非此即彼
- 进行直接和明确的沟通
- 提供建设性的改进意见
- 反馈确保清晰，让每个人都理解你想要表达的内容
- 在未来的日子里，时刻开放教练之门，随时为学员提供所需帮助

帮助学员迎接变革的挑战

许多人害怕变化，因为变化会迫使人进入未知的领域，在那里，一切都是陌生的、不可预测的。全面领导力项目要求参与者对创新发起挑战。在整个项目过程中，他们所要经历的变化可能令人感到

不舒服。当人们要从事有意识的改变时，让他们知道自己将要经历的各个阶段是有帮助的。下面就来介绍一下参加全面领导力项目所要经历的阶段，以及在每一个特定阶段，他们可能会遇到的不同问题。

了解变革的需要

第一步是要识别变革的需要。这可能是比较困难的一件事情，因为我们中的许多人都忽视当前遇到的一些不好的苗头或威胁。全面领导力练习就是要增加人们的自我认知感。教练能够帮助你识别盲点——通过鼓励学员反省一些尚处于萌芽之中的隐患。为了增进这种意识，教练应该问的主要问题包括：

- 哪些因素正在起作用？哪些因素并没有在起作用？
- 你能够做出怎样的改进？
- 变革的需要来自哪里——是来自你自身，还是来自外部世界？

紧迫感

学员是否真的需要做出变革？下一步就是要坚信，变革的需要是紧迫的，必须及时采取行动。因为我们通常都有惯性，如果在做一件新的事情时没有感受到紧迫性，那么很可能的结果是这件事情会流产。教练能够通过问以下问题为学员提供帮助：

- 你的变革需求到底有多重要？
- 如果你不做出改变会怎样？
- 如果你做出改变会怎样？

行动决策

做出变革决策是一个很重要的时刻，因为它标志着你的想法发生了改变，你开始看到一个不同的未来。在一个计划好的变革过程中，它也是非常脆弱的环节。因此，在这一刻，充满了诱惑、牵制和分心。然而，教练能够通过问以下问题帮助学员渡过这一关：

- 你已经决定采取什么不同于以往的举措，为什么要这么做？
- 理想的结果是什么？
- 新的目标是什么？

解决问题

为了让他/她在工作和生活其他领域里所做的决策落到实处，学员有可能采取哪些行动？教练要求学员考虑自己要做出什么样的改变，如何克服障碍，需要什么样的技能或支持。在全面领导力项目中，教练帮助学员设计实验目标和度量手段，讨论能够产生小赢的具体细节。教练能够通过问以下问题提供具体的建议，帮助学员更好地实现目标：

- 你将做什么，在什么时间做？
- 你如何衡量自己的进步？
- 你会遇到什么障碍？
- 你将如何克服障碍？
- 你将怎样获得所需的支持？
- 你将如何衡量你的成功？

承 诺

在任何变革过程中，做出并坚守承诺都是最具有挑战性的任务。因为如果没有紧迫感，承诺就会逐渐衰退，所以教练应该持续地对承诺进行测验。教练能够通过问以下问题做到这一点：

- 你真的愿意勇往直前么？
- 随着时间的流逝，你所做出的承诺是否会发生改变？
- 如果现实情况比你想象的还要困难，你会怎么做？
- 你将会采取什么样的措施来实现你的目标，例如第一步是什么，第二步是什么……？
- 你如何保持决心？

强 化

即使当一个学员已经完成了前面所有的步骤，对他/她取得的积极成果进行强化依然很重要。对每一小步进行鼓励有助于前进势头的形成，教练应该反复强化，对学员的每一个成功进行鼓励，以此来增强学员的信心，打消他们动摇的念头。在这里，重要的问题包括：

- 你所采取的新行为对你和其他人已经产生了什么样的影响？
- 你最得意的成绩是什么？
- 你正在做你曾经说过要做的事情么？
- 有能够帮助你更好地建立起前进势头的措施么？
- 我如何做才能推动你去行动的承诺？

该做/不该做的事情

这里有一些技巧能够帮助你成为一位有效的全面领导力教练。

应该做的事情

- 在帮助你的学员实现目标的时候，展现出你的热情。
- 通过协商，弄清楚教练和学员各自的责任，调整对彼此的期望。
- 分享你的经验，其目的是帮助学员从中找到可借鉴的东西，而不是要突出你自己。
- 应该清醒地意识到作为教练，你可能持有的偏见。
- 密切关注你的学员所面临的现实——仔细倾听。
- 不耻下问。
- 鼓励你的学员在需要的时候从所有可能的渠道寻求帮助。
- 如果你不能在你的学员期望得到反馈的时候及时为他/她提供反馈，你要马上与你的学员进行沟通，解释拖延的原因。这样做能够建立起信任。

要避免做的事情

- 作为一位教练，要避免无所作为。与任何保持良好的关系一样，教练行为需要参与双方共同投入时间、精力和思虑。
- 不要批评学员的观点。你所要做的是：倾听，并提供可选方案。
- 不要对你能力以外的事情进行承诺，这将会损害你的威信。

事实上，所有全面领导力项目的参与者都发现教练行为让人受益匪浅，并且乐在其中。许多人与他们的教练保持着长期的联系，就自己工作和个人生活中的新进展与教练进行沟通。我希望你下决心创建自己的教练网络。当你继续在你自己的全面领导力项目之中或以外探索使用教练行为的时候，我相信你将发现它能够给你带来更多的回报。

登陆www.totalleadership.org网站，查看有关全面领导力教练行为的更多信息。

附录 B

在你的组织里实现“四赢”

这本书讲的是全面领导力方法如何让个体受益。同样，在任何一个组织里，全面领导力项目都能够改进员工在四个生活领域里的绩效、满意和平衡。结果是，组织能够增强创造性，提高竞争力，化解潜在的障碍，减少医疗保健的成本。

组织是由你的员工组成的。全面领导力方法为实现每一个组织层面的绩效改进提供了一个框架，一种语言，一个诱因。它能够使人们把更多的精力运用到想要实现的商业目标上，因此能够提高士气，增进效率，增加弹性，促进合作，使工作更加有吸引力。

在任何类型、任何规模、任何地点的组织中，都有可能实现这些目标。然而，要实现这些目标，首先要有强烈的变革需求，并为变革做出必要的准备，培育实行全面领导力实验的基础。

就像没有两个全面领导力项目的参与者会获得同样的体验一样，两个开展全面领导力项目的组织的经历也必定不会相同。在每一个全面领导力项目中，结果都是不同的，因为项目实行的基础——你，你的组织——是不同的。在整个系统范围内实现“四赢”目标的关键是将本书中所描述的基本原理应用到你的组织里。

力求真实

全面领导力项目是从“弄清楚最重要的是什么”这个问题开始，力求识别你的组织的真实抱负。无论在你的组织里开展全面领导力项目这个想法是一个已经读了本书的一线员工最先提出的，还是在鸡尾酒宴会上听朋友谈起他的CEO最先提出，如果要在组织内开展目标为“四赢”的全面领导力项目，那么，在某个时候——时间越快越好——高级管理者之间必须要进行一次开诚布公的对话，共同商议该组织是否应开展此项活动。

正如个人在开始体验全面领导力项目时内心会充满矛盾一样，在你的组织里也存在着抵触情绪。但是，在商业领域里，全面领导力项目并不是一件很难做的事情，因为它的主要目的是帮助所有的重要利益相关者都实现互赢。在谈话中，首要的是，我们必须明白全面领导力方法不是要通过商业上的成功来换取工作之外的生活领域里的满意，而是要通过寻求一些方法同时改进我们在商业领域和生活其他领域里的绩效。全面领导力项目并不会带来人力资源政策方面突变的和大范围的变更，而是会带来增量的、数据驱动型的、不断摸索中的学习，这种变革更温和，也更容易管理。

保持完整

实现“四赢”的目标是一个可持续的和连续的目标，因为它直接反映了一个人对于生命完整性的诉求。全面领导力方法的实践过程就是创造性地寻找方法来满足所有领域内主要利益相关者期望的过程。对于组织而言，同样如此。一个成功的全面领导力项目明确地考虑到了各方的利益：雇员和他们的家庭，所有者，管理者，顾客，客户，供应商，当地社区，社会和环境。

因为组织成员会对利益相关者们的期望进行认真考虑，他们所开展的实验一定会涵盖他们生活的四个领域，所以这些实验的影响是累积的。在组织里，人们设计和实施各种各样的实验以满足组织内所有利益相关者在各个领域内的利益。因此，全面领导力项目在整个组织范围内开展，不仅仅是改进绩效和提高技能的手段，而且是展现公司社会责任感的机会，因为它对组织的每一个成员而言都是有意义的。

激发创造力

明智的、低风险的实验是全面领导力项目中最重要的一项活动。毕竟，全面领导力项目前期大量的准备工作为设计和实施富有建设性的变革做好了铺垫。当你发动人们着手在组织内开始全面领导力项目时，你就创造了一种文化背景，传递给大家一个你支持持续变革的信号，前提是要时刻记住对一些人而言看上去新的和富有挑战性的东西对另外一些人而言却有可能是习以为常的和简单的。真的，在这里,我要告诉你一条重要的成功经验:不要草率判断另一个人的实验是否是值得做的。

最难的部分才刚刚开始。因此最好的方法就是先开辟一个实验性的项目,然后根据项目的进展情况,确定哪些因素在发挥作用,哪些因素必须调整。实验性的项目往往成本较低,并且风险也不高——用“小赢”的方法换来一场大规模的变革。一旦你引导一大群员工做他们自己的实验,你就开始在组织里传播关于领导力开发和工作/生活整合的知识和新方法,因为现在你取得了那些肯对你讲真话的员工们的信任和支持,他们实实在在地希望变革成功。

一个例子来自于雷曼兄弟公司(Lehman Brothers),一家全球性投资银行。该公司最近发起了一个实验性的项目,称为“四赢”,目的是为了在其纽约总部的一群中层管理者身上实现全面领导力课程所设定的理想目标。该项目背后的推动力来自于雷曼兄弟公司承诺要改进它的投资银行分部的文化,目的是为了提升公司的可持续发展能力和快速反应能力。这个承诺由雷曼兄弟公司的总裁和CEO乔·格雷戈里(Joe Gregory)提出,他认识到创造一种新的领导力思维的重要性和紧迫性,试图通过与实验性项目参与者的互动沟通,努力探索出一种全新的“四赢”模式。

实验性项目的管理人定期召开会议讨论实验的结果,总结实验的经验。虽然一些参与者不能成功地完成实验,但还是有很多参与者取得了明显的收获。参与者同他们的管理人谈论如何处理变革中的障碍,如何定义成功,如何通过头脑风暴产生新观点等,为下一轮参与者提供经验支持。

更重要的是,成功的实验为正在进行的对话和相关工作建立了信心，提供了动力，证明“四赢”目标即使在十分紧张的工作环境中依然有可能实现。认识到在工作方法上的调整能够为个人和组织都产生更好的结果，雷曼兄弟公司的联席执行官斯科特·弗赖德海姆(Scott Freidheim)和全球投资银行业务负责人斯基普·麦吉(Skip McGee)继续推动该项实验的进行。

总之，我们可以将上述内容归结为：我们希望你尝试一些新的方法来把事情做得更好，我们将积极支持你的创新性行为。实验性项目是一个非常明智的选择，它在改进员工工作绩效的同时，不仅使我们更加关注提升员工工作之外生活质量的重要性，还为这样做的可行性做出了分析，从而为进一步的行动铺平了道路，对那些承担着很大工作压力的人而言同样如此。

附录 C

扩展阅读

本附录为书中涉及到的主要文章和书目提供的参考资料，共分六个方面：

领导力

Badaracco, J. L. *Defining Moments: When Managers Must Choose Between Right and Right*. Boston: Harvard Business School Press, 1997.

Bennis, W. G., and R. J. Thomas. *Geeks and Geezers: How Era, Values, and Defining Moments Shape Leaders*. Boston: Harvard Business School Press, 2002.

Boyatzis. R., and A. McKee. *Resonant Leadership: Renewing Yourself and Connecting with Others Through Mindfulness*,

Hope, and Compassion. Boston: Harvard Business School Press, 2005.

Burns, J. M. *Transforming Leadership: The Pursuit of Happiness*. New York: Atlantic Monthly Press, 2003.

Collins, J. *Good to Great*. New York: HarperBusiness, 2001.

Drucker, P. F. "Managing Oneself." *Harvard Business Review*, January 2005, 1—10.

Finkelstein, S. *Why Smart Executives Fail*. New York: *Penguin*, 2003.

Friedman, S. D., and S. Lobel. "The Happy Workaholic: A Role Model for Employees." *Academy of Management Executive* 17, no. 3(2003): 87.

Gardner, H. *Leading Minds*. New York: Basic Books, 1995.

Gardner, J. W. *On Leadership*. New York: Free Press, 1990.

Hoppe, M. H., and G. Houston. "A Question of Leadership: How Much of Themselves Should Leaders Bring to Their Work?" *Leadership in Action* 24, no. 3(2004): 13.

Kotter, J. P. *Leading Change*. Boston: Harvard Business School Press, 1996.

Kouzes, J. M., and B. Z. Posner. *The Leadership Challenge: How to Keep Getting Extraordinary Things Done in Organizations*. San Francisco: Jossey-Bass, 1996.

Lorsch, J. W, and T. J. Tierney. *Aligning the Stars: How to Succeed When Professionals Drive Results*. Boston: Harvard Business

School Press, 2002.

Raelin, J. A. *Creating Leaderful Organizations: How to Bring Out Leadership in Everyone*. San Francisco: Berrett-Koehler, 2003.

Ruderman, M. N., and P. J. Ohlott. *Standing at the Crossroads: Next Steps for High-Achieving Women*. San Francisco: Jossey-Bass, 2002.

Seligman, M. E. P. *Authentic Happiness: Using the New Positive Psychology to Realize Your Potential for Lasting Fulfillment*. New York: Free Press, 2002.

Thomas, D. A., and J. J. Gabarro. *Breaking Through: The Making of Minority Executives in Corporate America*. Boston: Haryard Business School Press, 1999.

Tichy, N. *The Leadership Engine*. New York: HarperBusiness, 2002.

Tzu. S. *The Art of War*. Edited and with Foreword by J. Clavell. New York: Dell, 1983.

Useem, M. *The Leadership Moment*. New York: Times Business, 1998.

生活中的各个领域是如何互相影响的

Ashforth, B. E., G. E. Kreiner, and M. Fugate. "All in a Day's Work: Boundaries and Micro Role Transitions." *Academy of Management Review*, 25, no. 3(2000): 472.

Drago, R. W. *Striking a Balance: Work, Family, Life*. Boston: Dollars & Sense. 2007.

Edwards, J. R., and N. P. Rothbard. "Mechanisms Linking Work and Family: Clarifying the Relationship Between Work and Family Constructs." *Academy of Management Review*, 25, no. 1 (2000): 178.

Friedman, S. D., and J. H. Greenhaus. *Work and Family-Allies or Enemies? What Happens When Business Professionals Confront Life Choices*. New York: Oxford University Press, 2000.

Frone, M. R., R. M. Marcia, and L. Cooper. "Prevalence of Work-Family Conflict: Are Work and Family Boundaries Asymmetrically Permeable?" *Journal of Organizational Behavior* 13, no. 7 (1992): 723.

Greenhaus. J. H., and G. Powell. "When Work and Family Are Allies: A Theory of Work-Family Enrichment." *Academy of Management Review* 31(2006): 72—92.

Hall, D. T., and V. A. Parker. "The Role of Workplace Flexibility in Managing Diversity." *Organizational Dynamics* 22, no. 1 (1993): 4.

Hammonds, K. "Balance Is Bunk!" *Fast Company*, October 2004, 68—76.

Katz, D., and R. L. Kahn. *The Social Psychology of Organizations*. 2nd ed. New York: John Wiley & Sons, 1978.

Kossek, E. E., R. A. Noe, and B. J. DeMarr. "Work-Family Role

Synthesis: Individual and OrganizatiOnal Determinants." *International Journal of Conflict Management* 10, no. 2(1999): 102.

Nippert-Eng, C. E. *Home and Work: Negotiating Boundaries Through Everyday Life*. Chicago: University of Chicago Press, 1996.

Perlow, L. A. "Boundary Control: The Social Ordering of Work and Family Time in a High-Tech Corporation." *Administrative Science Quarterly* 43, no. 2(1998): 328.

Rothbard, N. R "Enriching or Depleting? The Dynamics of Engagement in Work and Family Roles." *Administrative Science Quarterly* 46, no. 4(2002): 655.

Shellenbarger, S. *Work and Family: Essays from the "Work and Family" Column of the Wall Street Journal*. New York: Ballantine Books, 1999.

Siegel, P. A., C. Post, J. Brockner, A. Y. Fishman, and C. Garden. "The Moderating Influence of Procedural Fairness on the Relationship Between Work-Life Conflict and Organizational Commitment." *Journal of Applied Psychology* 90, no. 1(2005): 13.

与利益相关者的联系：交流、网络、政治

Baker, W. *Achieving Success Through Social Capital*. San Francisco: Jossey-Bass, 2000.

Christensen, R. M., and B. L. Porter. *Family 360: A Proven Ap-*

proach to Getting Your Family to Talk, Solve Problems, and Improve Relationships. New York: McGraw-Hill, 2004.

Cialdini, R. B. *Influence: The Psychology of Persuasion*. New York: William Morrow, 1993.

Cohen, D., and L. Prusak. *In Good Company: How Social Capital Makes Organizations Work*. Boston: Harvard Business School Press, 2001.

DeLuca, J. *Political Savvy: Systematic Approaches to Leadership Behind-the-Scenes*. Berwyn, PA: EBG Publications, 1999.

Ferrazzi, K. *Never Eat Alone*. New York: Currency/Doubleday, 2005.

Fisher, R., W. Ury, and P. Patton. *Getting to Yes: Negotiating Agreement Without Giving In*. New York: Penguin Books, 1991.

Gabarro, J. J., and J. P Kotter. "Managing Your Boss." *Harvard Business Review*, May 1993, 150—157.

Hallowell, E. M. *Connect: 12 Vital Ties That Open Your Heart, Lengthen Your Life, and Deepen Your Soul*. NewYork: Pocket Books, 1999.

Hanson, J. *More Than 85 Broads*. New York: McGraw-Hill, 2006.

Pfeffer, J. *Managing with Power: Politics and Influence in Organizations*. Boston: Harvard Business School Press, 1992.

Scott, S. *Fierce Conversations: Achieving Success at Work and in Life, One Conversation at a Time*. New York: Viking, 2002.

Shell, G. R. *Bargaining for Advantage*. New York: Penguin, 1999.

Shell, G. R., and M. Moussa. *The Art of Woo*. New York: Penguin, 2007.

Useem, M. *Leading Up: How to Lead Your Boss So You Both Win*. New York: Crown Business/Random House, 2001.

Watts. D. J. *Six Degrees: The Science of a Connected Age*. New York: W. W. Norton & Company, 2003.

领导力的培训与教育

Boyatzis, R. E., S. S. Cowen, and D. A. Kolb. *Innovation in Professional Education: Steps on a Journey from Teaching to Learning: The Story of Change and Invention at the Weatherhead School of Management*. San Francisco: Jossey-Bass, 1994.

Caproni, R J. *The Practical Coach: Management Skills for Everyday Life*. Upper Saddle River, NJ: Prentice Hall, 2001.

Conger, J. A., and B. Benjamin. *Building Leaders: How Successful Companies Develop the Next Generation*. San Francisco: Jossey-Bass, 1999.

Fryer, B. "Storytelling That Moves People: A Conversation with Screenwriting Coach Robert McKee." *Harvard Business Review*, June 2003, 5—8.

Ghoshal, S. "Bad Management Theories Are Destroying Good Management Practices." *Academy of Management Learning and Education*, 4, no. 1(2005): 75.

Ibarra, H. *Working Identity: Unconventional Strategies for Reinventing Your Career*. Boston: Harvard Business School Press, 2003.

McCall, M. W., M. M. Lombardo, and A. M. Morrison. *The Lessons of Experience: How Successful Executives Develop on the Job*. Lexington, MA: Lexington Books, 1988.

McCauley, C. D., R. S. Moxley, and E. Van Velsor, eds. *The Center for Creative Leadership Handbook of Leadership Development*. San Francisco: Jossey-Bass, 1998.

Mintzberg, H. *Managers, Not MBAs: A Hard Look at the Soft Practice of Managing and Management Development*. San Francisco: Berrett-Koehler, 2004.

Mirvis, R., and L. Gunning. "Creating a Community of Leaders." *Organizational Dynamics* 35, no. 1(2006): 69.

Pfeffer, J., and R. I. Sutton. "Evidence-Based Management." *Harvard Business Review*, January 2006, 62.

Ragins, B. R., and K. E. Kram(eds.). *The Handbook of Mentoring at Work: Theory, Research, and Practice*. Thousand Oaks, CA: Sage Publications, 2007.

Rousseau, D. M. "Is There Such a Thing as 'Evidence-Based' Management?" *Academy of Management Review*, 31: 2, April 2006, pp. 256—269.

Schein. E. H. *Process Consultation Revisited: Building the HeIping Relationship*. Reading, MA: Addison-Wesley, 1999.

Tichy. N. M. *The Cycle of Leadership: How Great Leaders Teach Their Companies to Win*. New York: HarperBusiness, 2002.

领导力将把工作与生活融合在一起

Bailyn, L. *Breaking the Mold: Redesigning Work for Productive and Satisfying Lives*. 2nd ed. Ithaca, NY: ILR Press, 2006.

Barnett, R. C., and C. Rivers. *She Works/He Works: How Two-Income Families Are Happier, Healthier, and Better Off*. San Francisco: HarperSanFrancisco, 1996.

Burud, S. L., and M. Tumolo. *Leveraging the New Human Capital: Adaptive Strategies, Results Achieved, and Stories of Transformation*. Palo Alto, CA: Davies-Black Publishing, 2004.

Cappelli, P. *The New Deal at Work: Managing the Market-Driven Workforce*. Boston: Harvard Business School Press, 1999.

Dutton, J. E. *Energize Your Workplace: How to Create and Sustain High-Quality Connections at Work*. New York: John Wiley & Sons. 2003.

Friedman. S. D. "Leadership DNA: The Ford Motor Story." *Training and Development* 55, no. 3(2001): 22.

Friedman, S. D., P. Christensen, and J. DeGroot. "Work and Life: The End of the Zero-Sum Game." *Harvard Business Review*, November 1998, 119.

Galinsky, E. *Ask the Children: What America's Children Really*

Think About Working Parents. New York: William Morrow, 1999.

Googins, B. K. "Work, Families, and Organizations." *Industrial and Labor Relations Review* 47, no. 2(1994):345.

Hall, D. T., and B. Harrington. *Career Management & Work/Life Integration: Using Setf-Assessment to Navigate Contemporary Careers*. Thousand Oaks, CA: Sage Publications, 2007.

Hewlett, S. A., and C. West. *The War Against Parents: What We Can Do for America's Beleaguered Morns and Dads*. Boston: Houghton Mifflin, 1998.

Huston, P. *Families As We Are: Conversations from Around the World*. New York: Feminist Press of the City University of New York, 2001.

Jacobs, J. A., and K. Gerson. *The Time Divide: Work, Family, and Gender Inequality*. Cambridge, MA: Harvard University Press, 2004.

Kanter, R. M. *Work and Family in the United States: A Critical Review and Agenda for Research and Policy*. New York: Russell Sage Foundation, 1977.

Loehr, J., and T. Schwartz. *The Power of Full Engagement*. New York: Free Press, 2003.

Mainiero, L. A., and S. E. Sullivan. *The Opt-Out Revolt: Why People Are Leaving Companies to Create Kaleidoscope Careers*. Mountain View, CA: Davies-Black Publishing, 2006.

Pitt-Catsouphes, M., E. E. Kossek, and S. Sweet, S., eds. *The Work and Family Handbook: Multi-Disciplinary Perspectives and Approaches*. Mahwah, NJ: Lawrence Erlbaum, 2006.

Presser, H. B. *Working in a 24/7 Economy: Challenges for American Families*. New York: Russell Sage Foundation, 2003.

Rothbard, N. R, K. W. Phillips, and T. L. Dumas. "Managing Multiple Roles: Work-Family Policies and Individuals' Desires for Segmentation." *Organization Science* 16, no. 3(2005): 243.

Rousseau, D. M. *I-deals: Idiosyncratic Deals Employees Bargain for Themselves*. Armonk, NY: M. E. Sharpe, 2005.

Stone. P. *Opting Out? Why Women Really Quit Careers and Head Home*. Berkeley, CA: University of California Press, 2007.

Ulrich, D., and N. Smallwood. *Why the Bottom Line ISN'T! How to Build Value Through People and Organization*. New York: John Wiley & Sons. 2003.

Weick, K. E. "Small Wins: Redefining the Scale of Social Problems." *American Psychologist* 39, no. 1(1984): 40—49.

领导力带来的社会影响和精神成长

Bolman, L. G., and T. E. Deal. *Leading with Soul: An Uncommon Journey of Spirit*. San Francisco: Jossey-Bass, 2001.

Bornstein, D. *How to Change the World: Social Entrepreneurs and the Power of New Ideas*. Oxford: Oxford University Press, 2004.

Conger, J. A. and Associates. *Spirit at Work: Discovering the Spirituality in Leadership*. San Francisco: Jossey-Bass, 1994.

Csikszentmihalyi, M. *Good Business: Leadership, Flow, and the Making of Meaning*. New York: Viking, 2003.

Gardner, H., M. Csikszentmihalyi, and W. Damon. *Good Work: When Excellence and Ethics Meet*. New York: Basic Books, 2001.

Greenleaf, R. K. *Servant Leadership: A Journey into the Nature of Legitimate Power & Greatness*. Mahwah, NJ: Paulist Press, 1977.

Hesehel, A. J. *The Sabbath: It's Meaning for Modern Man*. New York: Farrar, Straus and Giroux, 1951.

Hollender, J., and S. Fenichell. *What Matters Most: How a Small Group of Pioneers Is Teaching Social Responsibility to Big Business, and Why Big Business Is Listening*. New York: Basic Books, 2004.

Mitroff, I. I., and E. A. Denton. *A Spiritual Audit of Corporate America: A Hard Look at Spirituality, Religion, and Values in the Workplace*. San Francisco: Jossey-Bass, 1999.

Pava, M. L. *Leading with Meaning: Using Covenantal Leadership to Build a Better Organization*. New York: Palgrave Macmillan, 2003.

Shellenbarger, S. "Drafted Volunteers: Employees Face Pressure to Work on Company Charities." *The Wall Street Journal*, November 20, 2003.

注　释

第一章

①该企业各个部门的财务经理证实了这些数字。

②该观点是我和 Sharon Lobel 在 2003 年合著的 *The Happy Workaholic: A Role Model for Employee* 一文中提出的，该文章发表于 *Academy of Management Executive*，no.3(2003)：87—98。

③详见我与 Jeff Greenhaus 合著的 *Work and Family: Allies and Enemies? What Happens When Business Professionals Confront Life Choices*(New York:Oxford University Press,2000)。

④见本书附录 C：扩展阅读，登陆 www.totalleadership.org 网站，有更多关于全面领导力项目的研究可供参考。

⑤该领域最有影响力和开创性的作品是 Daniel Katz 与 Robert Kahn 合著的 *The Social Psychology of Organizations* 第二版(New York:John Wiley & Sons,1976)。

⑥该领域的主要推动者是 Rosabeth Moss Kanter 和 Lotte Bailyn。

⑦Friedman and Greenhaus, *Work and Family*: *Allies and Enemies*?

⑧例如,参见 Noel M. Tichy 关于领导力开发的系列作品,其中比较有代表性的是 *The Leadership Engine*: *How Winning Companies Build Leaders at Every Level*(New York:HaperCollins,2002)。

⑨该观点是由 Karl Weick 提出的。

⑩Peter F. Drucker, *Managing Oneself*, 见 *Harvard Business Review*, January 2005,1—10。

⑪例如,学者 Jeffrey Pfeffer,Denise Rousseau 和 Robert Sutton 强调管理活动应该以事实为依据。

第二章

①Howard Gardner, *Leading Minds*: *An Anatomy of Leadship*(New York:Basic books,1995).

②2005 年 6 月 12 日 Steve Jobs 在斯坦福大学毕业典礼上的讲话。

③Noel M. Tichy, *The Leadership Engine*: *How Winning Companies Build Leaders at Every Level*(New York:HaperCollins, 2002).

第三章

①Stewart D. Friedman and Jeff H. Greenhaus, *Work and*

Family: Allies and Enemies? What Happens When Business Professionals Confront Life Choices (New York: Oxford University Press, 2000).

第五章

①G. Richard Shell, *Bargaining for Advantage: Negotiation Strategies for Reasonable People* (New York: Penguin, 1999).

第六章

①Abraham Joshua Heschel, *The Sabbath: Its Meaning for Mordern Man* (New York: Farrar, Straus and Giroux, 1951).

第七章

①Indra Nooyi, *Keeping Cool in Hot Water*, 见 *BusinessWeek*, June 11, 2007。

②Stewart D. Friedman and Jeff H. Greenhaus, *Work and Family: Allies and Enemies? What Happens When Business Professionals Confront Life Choices* (New York: Oxford University Press, 2000).

③Joel DeLuca, *Polotical Savvy: Systematic Approaches to Leadership Behind the Scenes* (Berwyn, PA: EBG Publications,

1999).

④Wayne E. Baker, *Achieving Success Through Social Capital* (San Francisco: Jossey-Bass, 2000).

⑤引自 Wayne E. Baker 开发的一个练习,详见 humaxnetworks.com。

致　　谢

来自生活不同领域的很多人帮助我把这本书呈现给大家。要表达对所有这些曾为本书做出过贡献的人需要写一本厚厚的书！但是，我只能退而求其次，感谢一下对于本书贡献最大的人。

第一次见到哈莉·弗里德曼(Hallie Friedman)(她原来的姓氏是布尔斯廷 Boorstyn)，我整个人就像被闪电击中一样。感谢上苍，我们在密歇根大学心心相印，最后，我非常幸运地成功说服她嫁给了我。在我生活中的每一个领域，包括写作这本书，她一直都是我的激情之源、方向之源和力量之源。

在密歇根大学，我真正幸运的是能够让鲍勃·卡恩(Bob Kahn)和诺埃尔·蒂奇作为我的论文指导老师。他们教会我怎样做一个脚踏实地的学者；作为一个组织心理学家，应该怀有把世界变得更加美好的高尚理想。像对他的许多学生一样，鲍勃在角色理论方面的突破性贡献激励着我努力去寻求一些有用的知识，力求让人们的工作和生活的其他领域之间相互融合和促进。诺埃尔在领导力变革研究上睿智的忠告、慷慨的资助和极高的天赋，都对我的研究产生了持久的影响。如果不是他对我在福特公司项目上投入了极大的热情，提出了有益的指导，并且给予了持续的支持，我的全面领导力项目根本就不会存在。

在密歇根大学的其他同事，包括学生和教职人员，用他们富有感染力的激情教会了我很多东西，让我知道了组织能够作为一个重要的手段来帮助我们实现丰富的人生。他们由许多不同的、非常有创造力的人组成，为我的研究提供了有力的智力支持，尤其是道格·考尔德(Doug Cowherd)，丹·丹尼森(Dan Denison)，J.理查德·哈克曼(J. Richard Hackman)，丹尼斯·鲁索(Denise Rousseau)，玛丽安·鲁德曼(Marian Ruderman)，罗杰·施瓦茨(Roger Schwarz)，斯坦·西肖尔(Stan Seashore)，鲍勃·萨顿(Bob Sutton)，乔·韦罗夫(Joe Veroff)。

20年来，沃顿商学院一直是我开展职业研究的基地。正是在这里，在我的同事和导师们的鼓励下，我找到了努力的方向。从其院长任期开始，汤姆·格里蒂(Tom Gerrity)就一直在工作/生活以及领导力研究领域提供了慷慨的支持，他为工作/生活整合项目，以及毕业生和在校生领导力项目提供了必要的远景指导和资源支持。我要深深地感谢汤姆和贾尼斯·贝雷斯(Janice Bellace)对我的信任。贾尼斯·贝雷斯一开始是我们在校生分部的副部长，后来升任沃顿商学院的代理院长。我还要感谢豪伊·考夫特(Howie Kaufold)，他让我有机会在高级经理人员MBA班上将全面领导力课程讲授给世界一流的学员听。沃顿商学院管理系的许多人，以及宾夕法尼亚大学其他院系的同事们也为我提供了无价的支持，特别是西加尔·巴尔萨德(Sigal Barsade)、彼得·卡佩利(Peter Cappelli)、道格·弗伦克尔(Doug Frenkel)、德怀特·贾格尔德(Dwight Jaggard)、约翰·金伯利(John Kimberly)、凯瑟琳·克莱因(Katherine Klein)、玛丽莲·克劳特(Marilyn Kraut)、丹·利文索尔(Dan Levinthal)、汉斯·彭宁斯(Hans Pennings)、格雷格·谢伊(Greg Shea)、哈伯·辛格(Harbir Singh)、吉顿德拉·辛格(Jitendra Singh)、迈克·尤塞姆(Mike Useem)、罗斯·韦伯(Ross Webber)。

我非常荣幸与一群最好的学生们一起共事。我教他们如何学习，而他们才是我最好的老师。我很感谢他们，特别是阿曼达·艾布拉姆斯(Amanda Abrams)、米娅·阿德尔伯格(Mia Adelberg)、克里斯廷·马丁·安德森(Kristine Martin Anderson)、约翰·巴拉德(John Ballard)、陈波(Po Chen)、埃米·达姆(Amy Dahm)、杰茜卡·德格鲁特(Jessica DeGroot)、埃伦·霍克(Ellen Hoch)、布雷特·赫特(Brett Hurt)、梅雷迪思·迈尔斯(Meredith Myers)、乔·皮尔诺克(Joe Piernock)、丹尼斯·沙姆韦(Dennise Shumway)、菲莉丝·西格尔(Phyllis Siegel)、斯图·西尔贝曼(Stu Silberman)、苏珊·索蒂罗波罗斯(Susan Sotiropoulos)、露西·斯特里布里(Lucy Stribley)、哈里·韦纳(Harry Weiner)、乔纳森·韦尔斯(Jonathan Wells)、埃文·威滕伯格(Evan Wittenberg)。感谢每一个学员都全力配合完成了严格的全面领导力课程，尤其是在本书中作为人物原型出现，并提供了分析材料的学生。

我很幸运能够让许多沃顿商学院的学生在我的研究团队里工作，他们贡献出了自己大量的精力和聪明才智，特别是亚历克斯·切尼亚克(Alex Chernyak)、桑迪普·加格(Sandip Garg)、费尔顿·高特索雅尼斯(Phaedon Gourtsoyannis)、比尼特·科萨里(Beeneet Kothari)、玛丽娜·普利斯图波娃(Marina Pristupova)、汤姆·雷德福(Tom Radford),凯蒂·塞米达(Katie Semida)、徐楠楠(Nana Xu)。我非常感谢我的团队里来自沃顿商学院以外的成员,他们帮助我建立起了全面领导力项目,尤其是达比·胡夫纳格尔(Debbie Hufnagel)、埃琳·欧文(Erin Owen)、斯泰西·雷丁(Stacey Radin)。

非常感谢福特公司,让我有机会实践我的全面领导力项目构想。在我的经历中,没有任何事情产生如此多的关于组织中生活的有意义的成果。正是由于CEO雅克·纳赛尔(Jacques Nasser)和人力资源总监戴维·墨菲(David Murphy)有远见的支持,我才有机会尝试领导力教育的许多新方法。我很荣幸能够与这家标志性公司的那些充满激情的员工们一起工作,我一直都对我们的领导力中心团队所实现的成就感到自豪。在这里,我要特别感谢南希·阿特伍德(Nancy Atwood)、汤姆·格兰特(Tom Grant)、尼莉莎·莫里斯(Nerissa Morris)。

但是,主要将全面领导力项目从我这里带到实践领域的是乔尔·德卢卡。早年在沃顿商学院的在校生领导力项目中我们一起共事的时候初次相识,然后我们一起给福特公司做咨询服务。我对他作为一个在社会变革和领导力开发方面的设计师所表现出来的杰出才能感到由衷的敬佩,非常荣幸自己能够从他真正的友谊和睿智的指导中获益。

本书中的观点是在我读书以及与工作/生活和领导力研究领域

的许多学者和实践者的谈话基础上形成的。有些观点的形成得益于他们：米歇尔·卡彭特（Michelle Carpenter），佩里·克里斯滕森（Perry Christensen）、杰茜卡·德格鲁特、埃伦·加林斯基、阿莉莎·弗里德（Alyssa Friede）、哈利·弗里德曼、杰夫·格林豪斯、莎伦·洛贝尔（Sharon Lobel）、丹尼斯·马塞尔（Dennis Marcel）、保罗·奥尔克（Paul Olk）、萨罗杰·帕拉苏拉曼（Saroj Parasuraman）、凯瑟琳·索尔（Kathleen Saul）、哈伯·辛格、辛西娅·汤普森（Cynthia Thompson）、诺埃尔·蒂奇、戴维·乌尔里克（Dave Ulrich）。

家庭和工作研究会（Families and Work Institute）的合作创始人埃伦·加林斯基和达纳·弗里德曼（Dana Friedman）是我前进中的灯塔，他们一直指引着我在组织和社会变革领域扬帆前行。我的工作从凯瑟琳·克里斯滕森（Kathleen Christensen）的领导力研究中受益匪浅，她的研究工作是在斯隆基金会（Alfred P. Sloan Foundation）的"工厂，工人和工人家庭"项目中进行的。我从其他在工作/生活研究方面的领跑者身上学习到了很多，这些人包括：桑迪·布拉德（Sandy Burud）、鲍勃·卡尔（Bob Carr）、罗杰·布朗（Roger Brown）、特德·蔡尔兹（Ted Childs）、布拉德·古金斯（Brad Googins）、蒂姆·霍尔（Tim Hall）、德博拉·福尔摩斯（Deborah Holmes）、阿琳·约翰逊（Arlene Johnson）、唐纳·克莱因（Donna Klein）、琼·科弗蒂默斯（Joan Kofodimos）、埃伦·科塞克（Ellen Kossek）、凯茜·林格尔（Kathie Lingle）、谢利·麦克德米德（Shelly MacDermid）、琳达·梅森（Linda Mason）、丹尼斯·蒙塔纳（Denise Montana）、卡罗尔·罗斯（Karol Rose）、费思·沃尔（Faith Wohl）。

在领导力艺术方面，我还要感谢很多老师和专家。他们是：韦恩·贝克、舍恩·比奇勒(Schon Beechler)、葆拉·卡普里尼(Paula Caproni)、肯·艾索德(Ken Eisold)、汤姆·吉尔摩(Tom Gilmore)、阿尔·戈尔(Al Gore)、珍妮特·汉森(Janet Hanson)、杰夫·汉森(Jeff Hanson)、乔·哈德(Joe Harder)、埃米尼亚·伊瓦拉(Herminia Ibarra)、拉里·科斯纳(Larry Kessner)、菲尔·拉斯科威(Phil Laskaway)、戴维·莉茜(Dave Lissy)、马克·马戈柳斯(Marc Margolius)、菲尔·米尔维斯(Phil Mirvis)、西蒙·莫登特(Simon Mordant)、摩西·帕瓦(Moses Pava)、莱恩·施莱辛格、斯坦·西尔弗曼(Stan Silverman)、西姆·席金(Sim Sitkin)、杰夫·索南菲尔德(Jeff Sonnenfeld)、安迪·斯蒂芬诺维奇(Andy Stefanovich)、安妮·史蒂文斯(Anne Stevens)、戴维·托马斯(David Thomas)、汤姆·蒂尔尼(Tom Tierney)、杰克·韦尔奇(Jack Welch)、苏吉·韦尔奇(Suzy Welch)、加里·温斯坦(Gary Weinstein)、米奇·威尼克(Mitch Wienick)。

我非常荣幸有机会把本书中的基本理念应用到这个世界上最好的一些组织里,在与这些组织中最优秀的、富有创造力的人才的合作中我受益匪浅。他们包括:施罗莫·宾虚(Shlomo Ben-Hur)、乔伊·本森(Joy Bunson)、利奥拉·科恩(Leora Cohen)、安妮·厄尼(Anne Erni)、莎伦·加格诺(Sharon Gargano)、希尔德·约恩斯多蒂尔(Hildur Jónsdóttir)、桑德拉·拉普(Sandra Lapp)、肯·利希滕斯坦(Ken Lichtenstein)、劳拉·门德洛(Laura Mendelow)、朱迪思·莫勒(Judith Maurer)、马特·麦克尔拉思(Matt McElrath)、南希·梅洛斯(Nancy Mellos)、罗布·迈耶(Rob Meyer)、维妮塔·帕克威尔金(Vernita Parker-Wilkins)、法雷尔·雷德瓦恩(Farrell

Redwine)、格温·罗瑟(Gwen Rosser)、诺娜·萨林(Nona Saling)、德博拉·谢普(Deborah Sheppe)、杰米·特纳(Jamie Turner)。

20世纪80年代,我非常幸运地抓住了一个很多人开始感兴趣的研究主题。在以前,对这个问题感兴趣的大多是女性,但是从那时起,男性对这个问题的兴趣也与日俱增。总是力求寻求差异性的习惯让我发现了一些端倪,但是如果没有一些新闻工作者率先报道,我的这项工作也不可能展开。我特别感谢基思·哈蒙兹(Keith Hammonds)、芭芭拉·普雷斯利·诺布尔(Barbara Presley Noble)、休·谢伦巴格(Sue Shellenbarger)等勇气可嘉的报道。

我非常感谢哈佛商学院出版社(Harvard Business Press)的责任编辑梅琳达·梅里诺(Melinda Merino),她的耐心支持和独到的编辑视角,指导我从一大堆材料中挖掘出了这本书。我的代理人吉姆·莱文(Jim Levine)在我写作本书的过程中给予了我全程的指导。要不是有斯科特·库珀(Scott Cooper)和康妮·黑尔(Connie Hale)两位编辑的支持和创意,我不可能完成这项工作。

在我的社区领域,我很庆幸自己一直被许多朋友的温暖包围着,他们丰富了我的人生,在不同阶段一直支持着我,给我提供创作的灵感。在这里,我要深深地感谢他们。

我想要感谢培育我长大成人的家庭给予我的无尽的爱:我的父母——利亚(Leah)和维克托·弗里德曼(Victor Friedman)——一直都那么信任我;我的哥哥——保罗·本维克托(Paul Ben-Victor)——总是让我看清自己的另一面;我的姐姐——苏珊·施罗特(Susan Schrott)——对我的希望一直激励我前行。我要永远感谢我的岳父——尼尔·布尔斯廷(Neil Boorstyn)——让自己的女儿嫁给了我，并一直不知疲倦地帮助我联络许多专家。

加布里埃尔（Gabriel）、哈里（Harry）和洛迪（Lody），他们是我最珍视的利益相关者，因为他们是我的未来，他们是我的心肝，他们让我的生活更加完整。对我而言，最大的任务是帮助他们成长。他们激励着我坚持写完这本书，我也希望这本书能够让他们的世界变得更好，让他们拥有更加丰富的人生。

作者简介

1984年，斯图尔特·D.弗里德曼在沃顿商学院开始了他的执教生涯。他的理论和研究是针对一个组织如何应对挑战的，在这方面他成了管理系的第一位实践教授。他是沃顿商学院领导力项目和沃顿工作/生活整合系统项目的创始人。他撰写了领导力开发和成功、工作/生活整合，以及变革方面的许多书籍和文章，代表作有发表在《哈佛商业评论》上的《工作和生活：零和游戏的结束》*Work and Life: The End of Zero-Sum Game*（与佩里·克里斯坦森和杰西卡·德格鲁特合著），还有最近发表在《经营者学刊》*Academy of Management Executive* 上的《快乐的工作狂：员工的行为榜样》*The Happy Workaholic: A Role Model for Employees*（与莎伦·洛贝尔合著）。《工作和家庭：伙伴还是敌人》*Work and Family: Allies and Enemies?*（与杰夫·格林豪斯合著，牛津大学出版社，2000），被《华尔街杂志》评为该领域的杰作。斯图尔特与佩里·克里斯坦森、杰西卡·德格鲁特合编的《整合工作和生活：沃顿资源指南》*Integrating Work and Life：the Wharton Resource Guide*（乔西·巴斯出版社 Jossey-Bass，1998），第一次致力于为建立整合工作和生活的领导能力而开发和收集学习工具。

2001年，斯图尔特作为福特汽车公司的高级管理人员，开始了一个长达两年时间的领导力开发项目。在福特公司，他担任领导力开发中心（Leadership Development Center）主管。他与公司CEO等其他高级经理一道，在全公司范围内开展了一个每年有超过2500名管理者参与的领导力开发项目，旨在激发员工的领导创造力，转变福特公司的文化，改善该公司的绩效。斯图尔特和他的领导力开发中心在《高速企业》*Fast Company* 杂志的封面故事中，在《培训与发展》*Training and Development* 杂志上，在美国产业工会联合会中（CIO），以及在其他媒介上都被报道过。他在福特公司的任期即将结束的时候，一家独立的研究组织（人才培育研发联盟ICEDR）认为福特公司领导力开发中心的做法在领导力开发项目上树立了“全球性的标杆”。

斯图尔特曾经为许多组织和管理人提供过咨询服务，包括杰克·韦尔奇（Jack Welch）和美国副总统阿尔伯特·戈尔（Al Gore）；他曾在很多咨询委员会任职，组织过各种研讨会，在世界各地发表关于领导力和完整的人生、创造变革、战略人力资源管理等主题的演讲。他获得许多教学奖项，频频出现在各种商业媒体上，被《职业母亲》*Working Mother* 杂志评选为美国25个在改善职场父母境况方面最有影响力的人之一。

大学期间，斯图尔特曾经在纽约演奏过音乐，也开过出租车。这样的生活持续了大约一年时间。在那以后，他先后在佛蒙特（Vermont）和纽约做了5年的心理健康专家。1984年，他从密歇根大学取得了组织心理学的博士学位。

检